最新汽车变速器和新能源驱动器
端子功能彩色图集

刘国辉　孙宝明　王钟原　编著

辽宁科学技术出版社

沈　阳

图书在版编目（CIP）数据

最新汽车变速器和新能源驱动器端子功能彩色图集 / 刘
国辉，孙宝明，王钟原编著． — 沈阳 ： 辽宁科学技术出
版社， 2021.10
ISBN 978-7-5591-2231-5

Ⅰ．①最… Ⅱ．①刘… ②孙… ③王… Ⅲ．①汽车－
变速装置－图集 Ⅳ．① U463.212-64

中国版本图书馆 CIP 数据核字 (2021) 第 178565 号

出版发行：辽宁科学技术出版社
　　　　　（地址：沈阳市和平区十一纬路 25 号 邮编：110003）
印 刷 者：辽宁新华印务有限公司
经 销 者：各地新华书店
幅面尺寸：285mm×210mm
印　　张：16
字　　数：300 千字
出版时间：2021 年 10 月第 1 版
印刷时间：2021 年 10 月第 1 次印刷
责任编辑：高鹏
封面设计：盼盼
版式设计：盼盼
责任校对：张永

书　　号：ISBN 978-7-5591-2231-5
定　　价：150.00 元

联系电话：024-23284373
邮购热线：024-23284626
https://qcwxjs.taobao.com

　　汽车电脑（ECU）也称电子控制模块、电控单元，作为汽车电子控制系统的神经中枢，其作用不言而喻。在实际维修工作中，汽车电脑发生故障的概率比其他电子部件（传感器、执行器及线束）要高得多。作为输入与输出的集成块，汽车电脑也可以作为电气故障检修的起点，其端子功能是高级汽车维修技师必备常识。应广大高级汽车维修技师和汽车电子从业人员的要求，我们编写了《最新汽车变速器和新能源驱动器端子功能彩色图集》，以飨读者。

　　本书具有以下特点：

　　（1）车型新：本书汇集的车型包括一汽奥迪 A6L e-tron、一汽奥迪 Q2L、上海大众途观 L、上汽斯柯达柯迪亚克、上汽斯柯达柯珞克、华晨宝马 iX3（G08）、华晨宝马 5 系（G38）、特斯拉 Model 3、特斯拉 Model Y、蔚来 ES8、北京现代索纳塔 PHEV、北京现代新胜达、上汽通用别克 VELITE5、上汽通用凯迪拉克 CT6 PLUG-IN、东风本田 UR-V、东风本田 CR-V 锐混动、上汽荣威 ei6 PHEV、比亚迪元 EV360、吉利博瑞 GE PHEV、长城魏派 P8 PHEV 等。

　　（2）实用性强：把变速器电脑端子和新能源驱动器端子按电脑结构进行改画，看起来简单明了，易于查找，使用起来非常方便。

　　（3）读者面广：适合汽车机电维修、电脑板维修、音响改装、新能源汽车维修人员以及汽车电控系统开发技术人员使用。

　　本书由刘国辉、孙宝明、王钟原编著，参加编写的有李宏、吴驰昊、陈国龙、张彦青、董玉江、李红敏、艾明、刘金、孙宗旺、徐畅、鲁晶、张丽、许峰、李园园、梁楠、徐东静、黄志强、夏明辉、李秀文、谷玉杰、王伟、谷平、赵子博、谷娟、李桂荣、梁维波、鲁子南、刘芳、胡秀寒、徐向杰、黄丽娜、徐上宗等。

　　在编写过程中，编者花费了大量的时间、精力，虽然在编写时对每个数据都进行了仔细检查，但由于水平有限，书中不当之处在所难免，欢迎广大读者对本书内容提出宝贵意见。

编者

3

目录

目录

目录

目录

目录

目录

10

11

目录

第 1 章　2016—2021 年一汽奥迪 A4L（B9）0CK 7 挡双离合器变速器（23 针）电脑端子图

2016—2021 年一汽奥迪 A4L（B9）0CK 7 挡双离合器变速器（23 针）电脑端子图如图 1-1 所示。

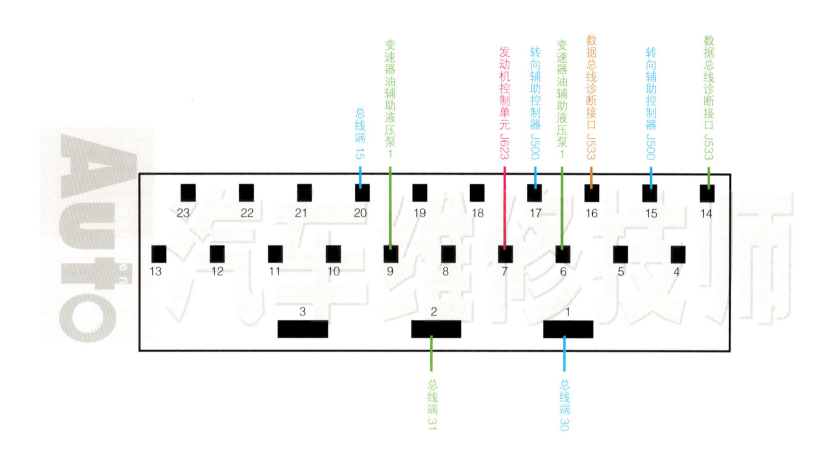

图 1–1

第 2 章　2016—2021 年一汽奥迪 A4L（B9）0D5/0D6 8 挡自动变速器（16 针）电脑端子图

2016—2021 年一汽奥迪 A4L（B9）0D5/0D6 8 挡自动变速器（16 针）电脑端子图如图 2-1 所示。

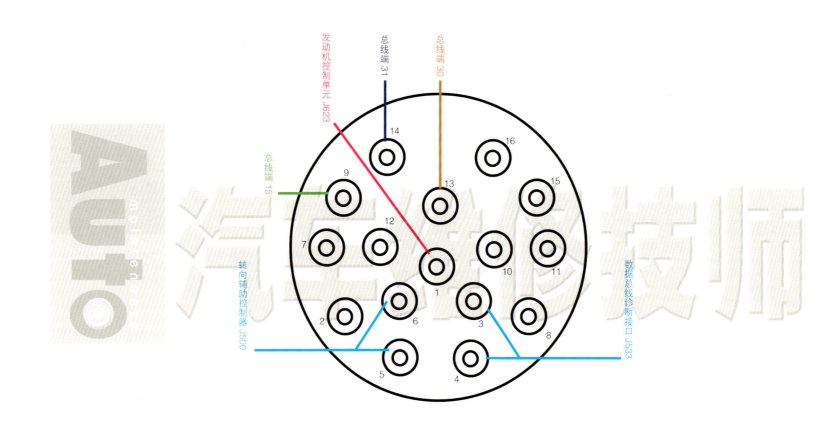

图 2-1

第 3 章 2018—2020 年奥迪 A5 0CK 7 挡双离合器变速器（23 针）电脑端子图

2018—2020 年奥迪 A5 0CK 7 挡双离合器变速器（23 针）电脑端子图如图 3-1 所示。

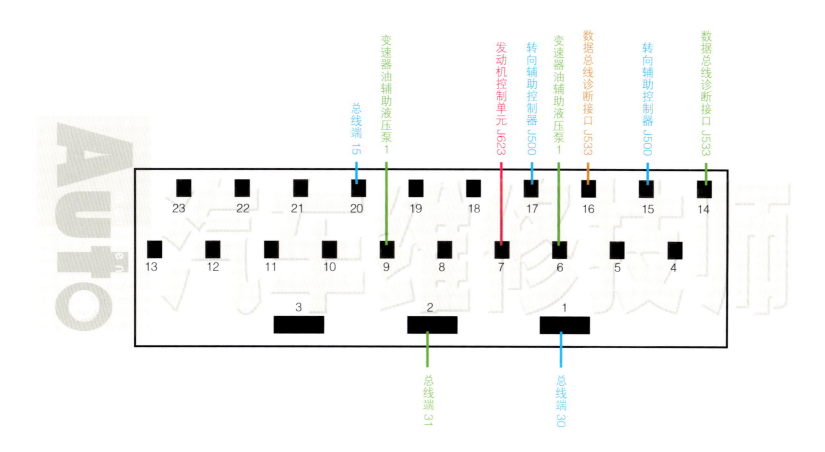

图 3-1

第 4 章　2018—2020 年奥迪 A5 0D5/0D6 8 挡自动变速器（16 针）电脑端子图

2018—2020 年奥迪 A5 0D5/0D6 8 挡自动变速器（16 针）电脑端子图如图 4-1 所示。

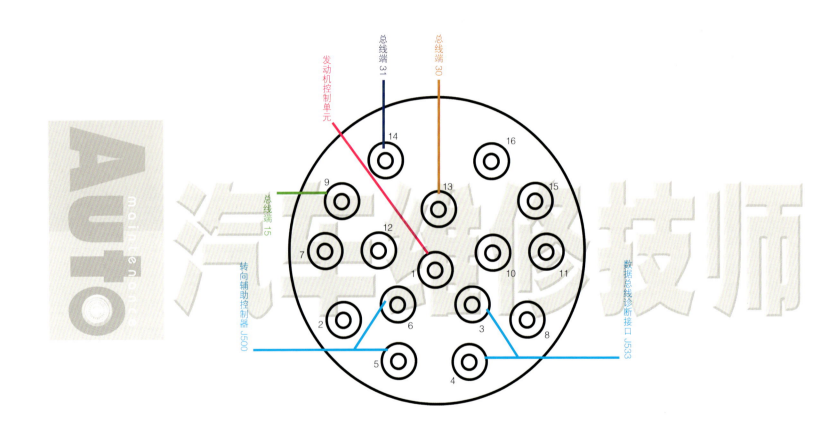

图 4-1

第 5 章　2019—2021 年一汽奥迪 A6L e-tron 电驱动功率和电子系统 JX1（28 针）电脑端子图

2019—2021 年一汽奥迪 A6L e-tron 电驱动功率和电子系统 JX1（28 针）电脑端子图如图 5-1 所示。

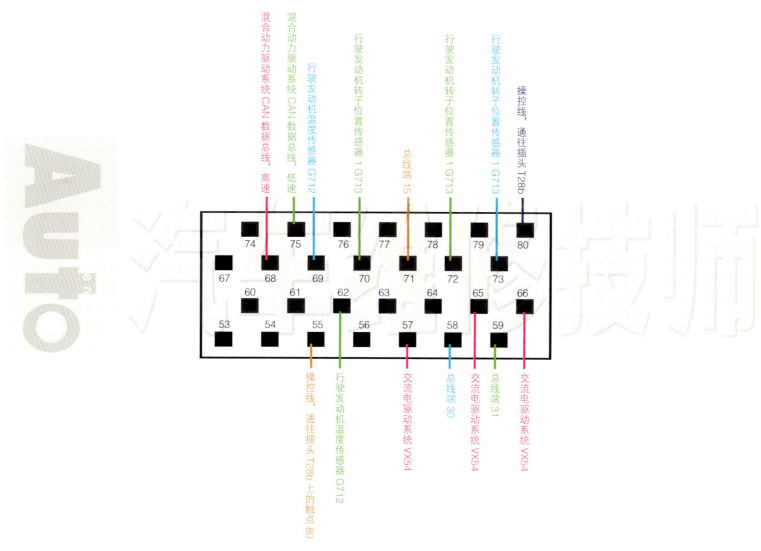

图 5-1

第 6 章　2018—2021 年一汽奥迪 Q2L 0EG 双离合器变速器（25 针）电脑端子图

2018—2021 年一汽奥迪 Q2L 0EG 双离合器变速器（25 针）电脑端子图如图 6-1 所示。

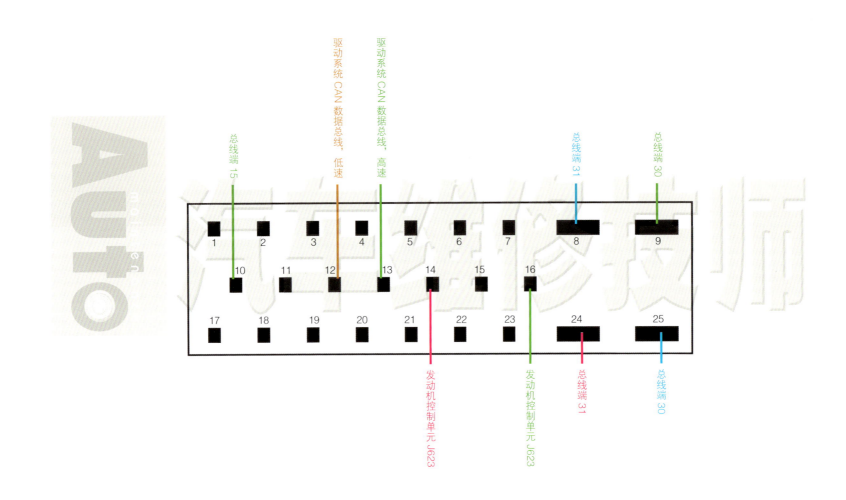

图 6-1

第 7 章 2018—2021 年一汽奥迪 Q2L 0ES 双离合器变速器（20 针）电脑端子图

2018—2021 年一汽奥迪 Q2L 0ES 双离合器变速器（20 针）电脑端子图如图 7-1 所示。

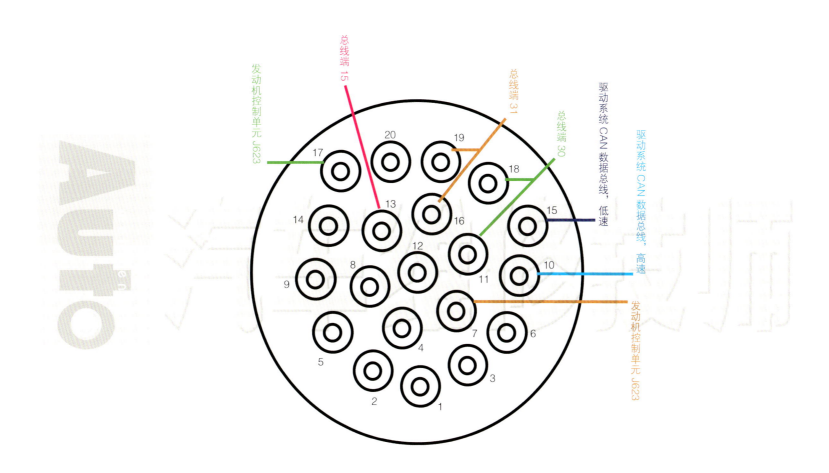

图 7-1

第 8 章　2018—2021 年一汽奥迪 Q2L 01J 双离合器变速器（16 针）电脑端子图

2018—2021 年一汽奥迪 Q2L 01J 双离合器变速器（16 针）电脑端子图如图 8-1 所示。

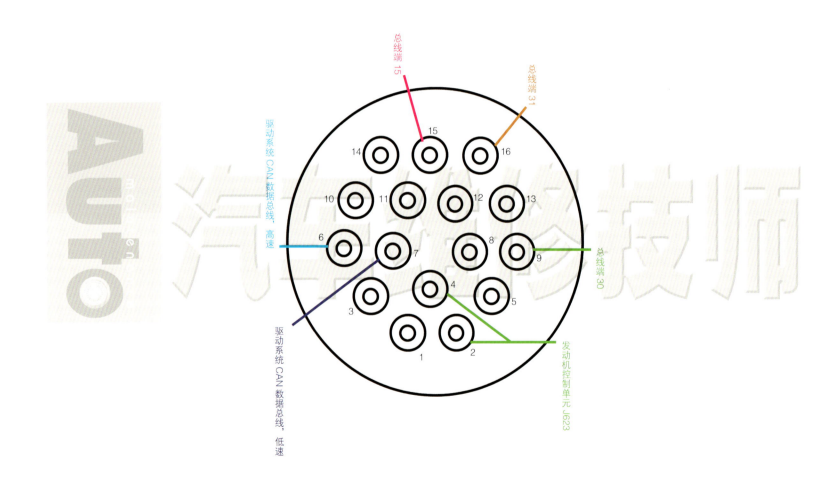

图 8-1

第 9 章　2018—2021 年一汽奥迪 Q5L 0CK 7 挡双离合器变速器（23 针）电脑端子图

2018—2021 年一汽奥迪 Q5L 0CK 7 挡双离合器变速器（23 针）电脑端子图如图 9-1 所示。

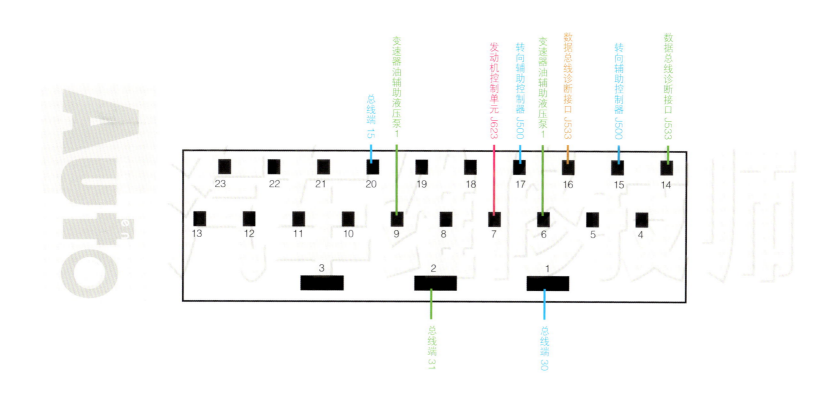

图 9-1

第 10 章　2018—2021 年奥迪 SQ5 0D5/0D6 8 挡自动变速器（16 针）电脑端子图

2018—2021 年奥迪 SQ5 0D5/0D6 8 挡自动变速器（16 针）电脑端子图如图 10-1 所示。

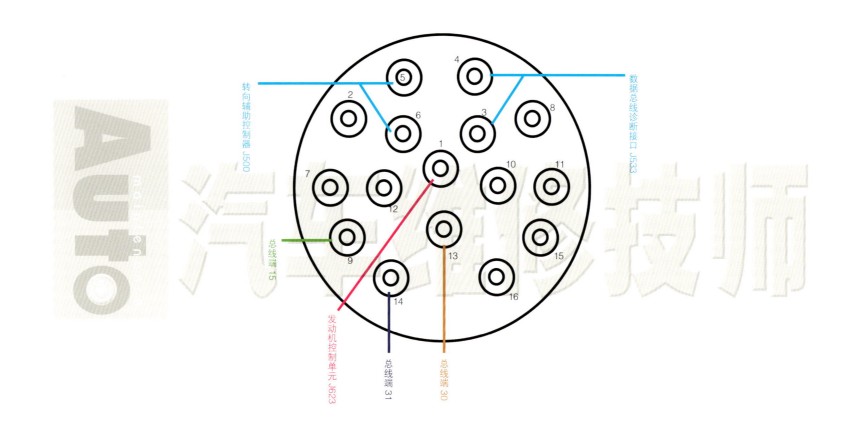

图 10-1

第 11 章　2018—2021 年奥迪 Q5 混动 0CK 7 挡双离合器变速器（23 针）电脑端子图

2018—2021 年奥迪 Q5 混动 0CK 7 挡双离合器变速器（23 针）电脑端子图如图 11-1 所示。

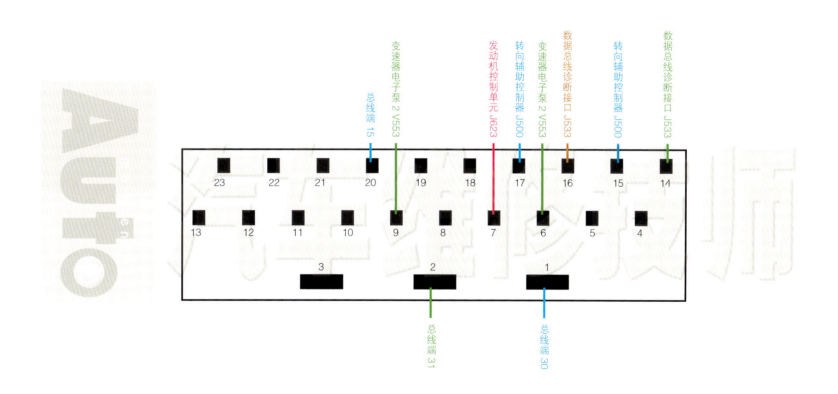

图 11-1

第 12 章　2018—2021 年奥迪 Q5 混动电驱动功率和电子装置 JX1（28 针）电脑端子图

2018—2021 年奥迪 Q5 混动电驱动功率和电子装置 JX1（28 针）电脑端子图如图 12-1 所示。

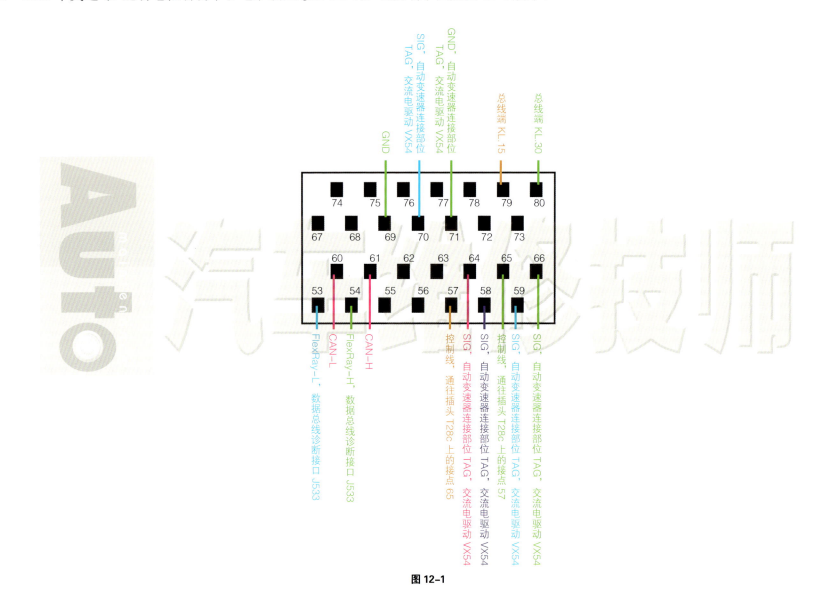

012

图 12-1

第 13 章　2016—2021 年奥迪 Q7（4M）0D5/0D6 自动变速器（16 针）电脑端子图

2016—2021 年奥迪 Q7（4M）0D5/0D6 自动变速器（16 针）电脑端子图如图 13-1 所示。

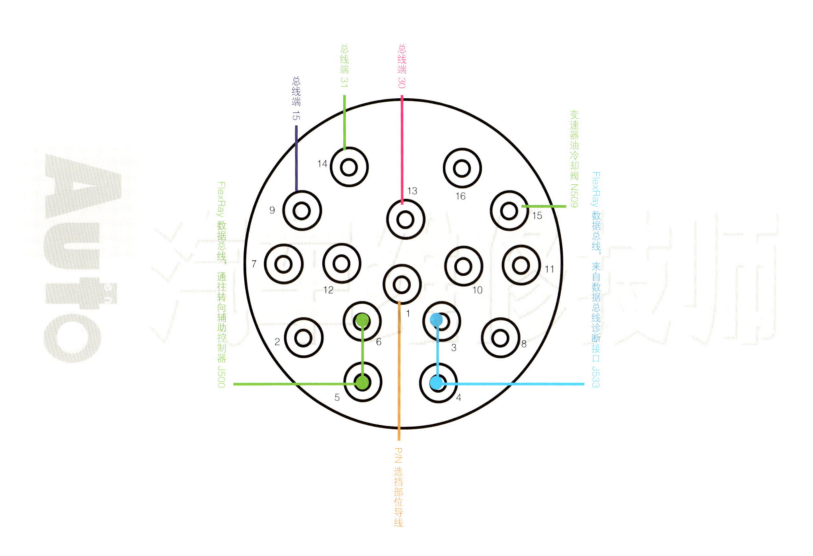

图 13-1

第 14 章　2019—2021 年奥迪 Q7（4M）e-tron 电驱动功率和电子装置 JX1（28 针）电脑端子图

2019—2021 年奥迪 Q7（4M）e-tron 电驱动功率和电子装置 JX1（28 针）电脑端子图如图 14-1 所示。

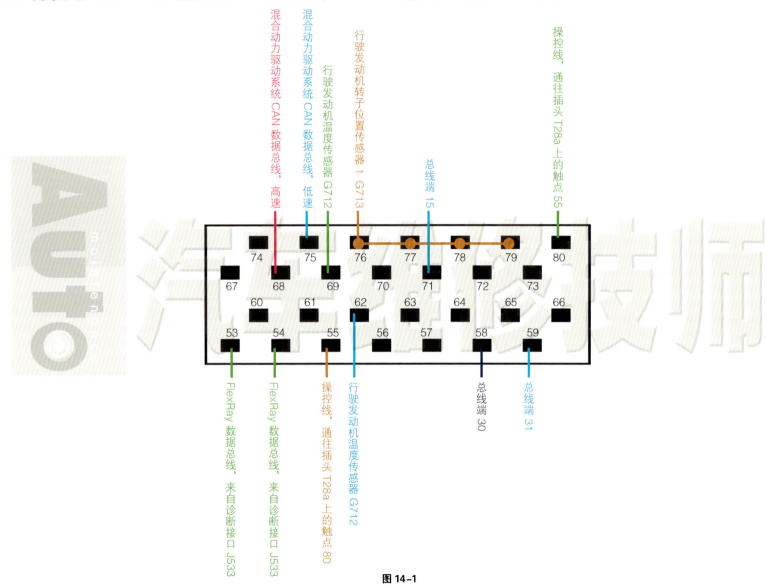

图 14-1

第 15 章　2018—2021 年一汽奥迪 Q2L 01J 双离合器变速器（16 针）电脑端子图

2018—2021 年一汽奥迪 Q2L 01J 双离合器变速器（16 针）电脑端子图如图 15-1 所示。

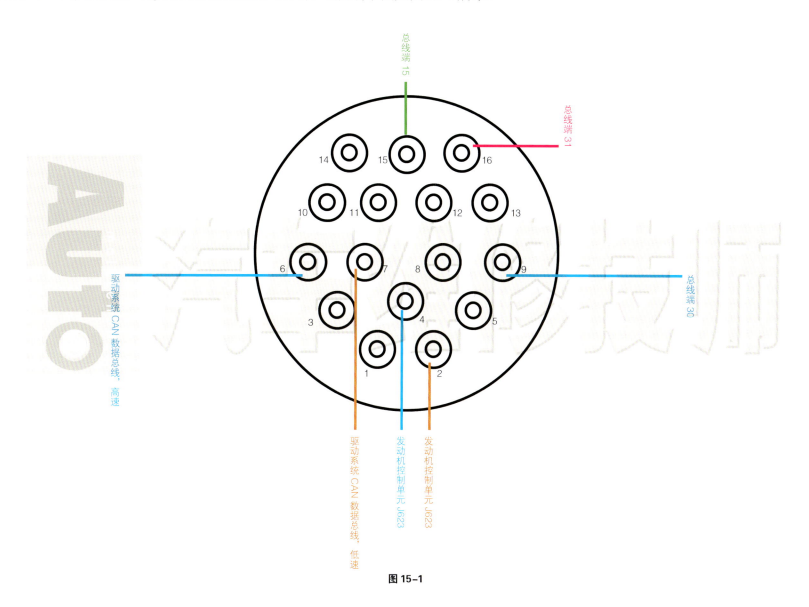

图 15-1

第 16 章　2018—2021 年一汽奥迪 Q2L 0ES 双离合器变速器（20 针）电脑端子图

2018—2021 年一汽奥迪 Q2L 0ES 双离合器变速器（20 针）电脑端子图如图 16-1 所示。

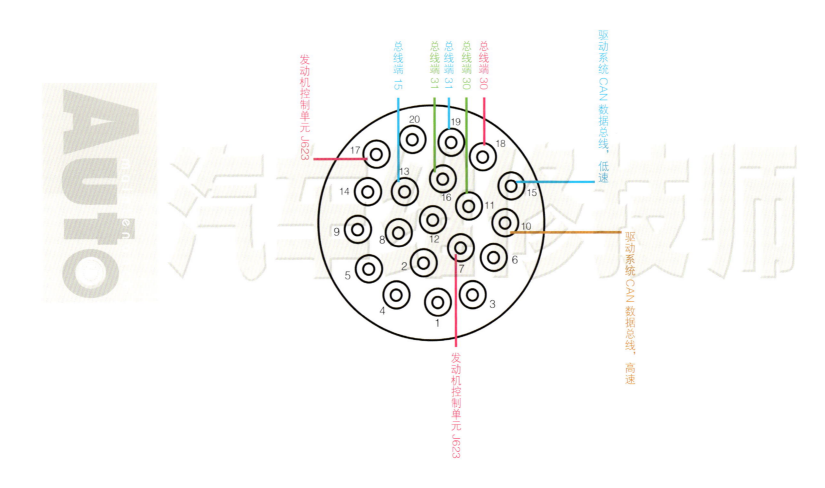

图 16-1

第 17 章　2018—2021 年一汽奥迪 Q2L 0EG 双离合器变速器（25 针）电脑端子图

2018—2021 年一汽奥迪 Q2L 0EG 双离合器变速器（25 针）电脑端子图如图 17-1 所示。

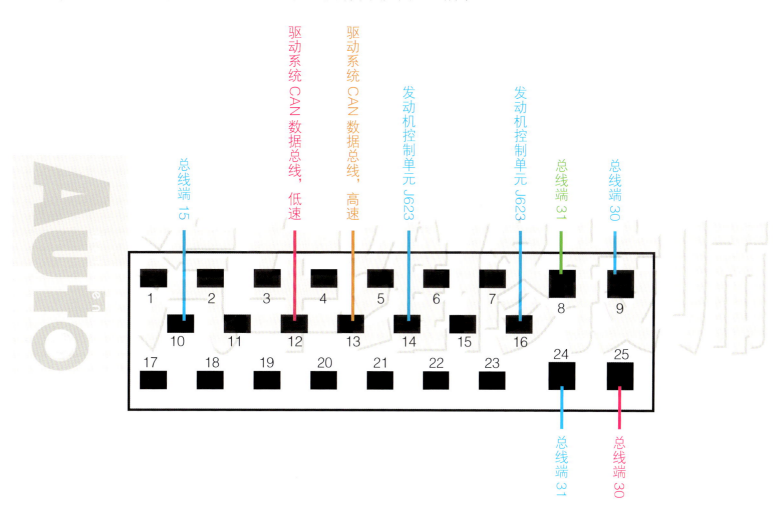

图 17-1

第18章　2019—2021年奥迪Q2L e-tron电驱动功率和操控电子装置JX1(28针+5针)电脑端子图

2019—2021年奥迪Q2L e-tron电驱动功率和操控电子装置JX1(28针+5针)电脑端子图如图18-1所示。

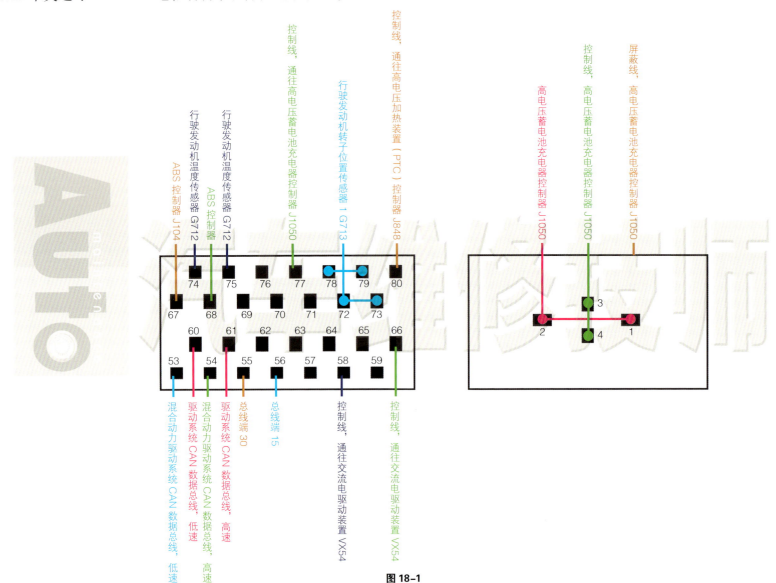

图18-1

第 19 章 2018—2021 年一汽奥迪 Q2L 自动变速器（81 针）电脑端子图

2018—2021 年一汽奥迪 Q2L 自动变速器（81 针）电脑端子图如图 19-1 所示。

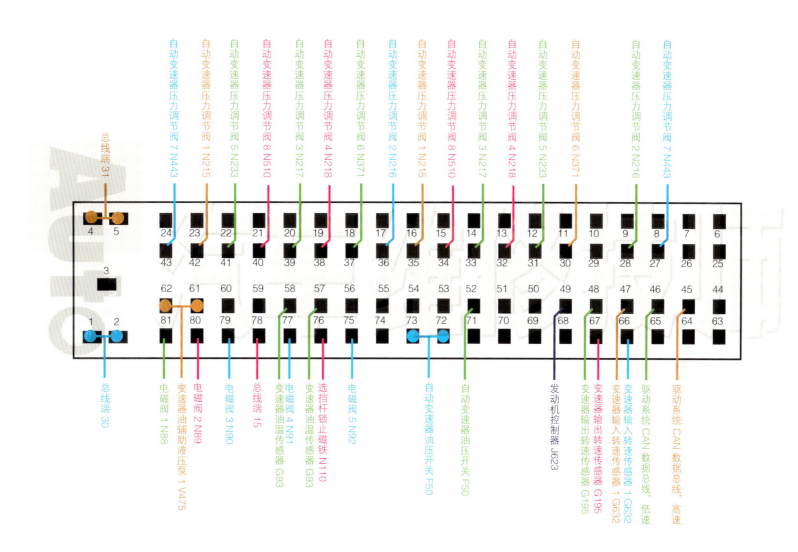

图 19-1

第 20 章　2020 年奥迪 R8 0BZ 双离合器变速器（16 针）电脑端子图

2020 年奥迪 R8 0BZ 双离合器变速器（16 针）电脑端子图如图 20-1 所示。

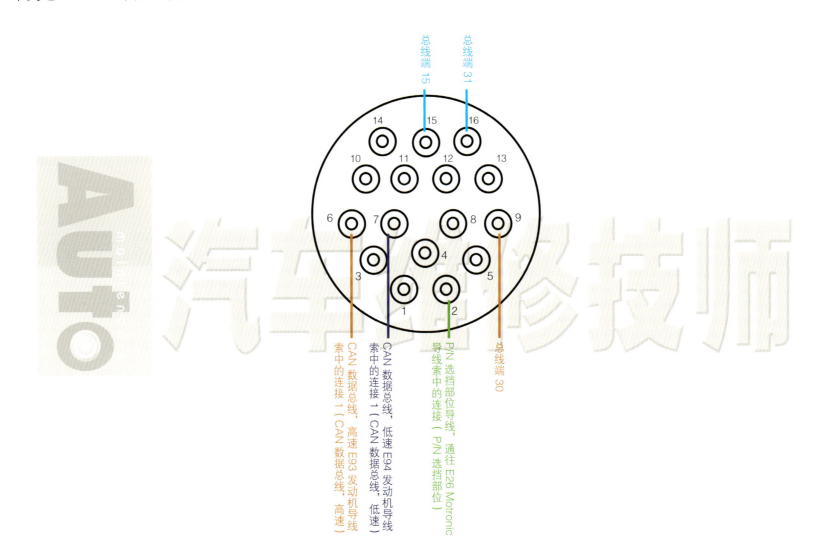

总线端 15

总线端 31

CAN 数据总线'高速 E93 发动机导线索中的连接 1（CAN 数据总线，高速）

CAN 数据总线'低速 E94 发动机导线索中的连接 1（CAN 数据总线，低速）

P/N 选挡部位导线'通往 E26 Motronic 导线索中的连接（P/N 选挡部位）

总线端 30

图 20-1

第 21 章　2020 年奥迪 R8 诊断变速器控制单元（40 针 +81 针）电脑端子图

2020 年奥迪 R8 诊断变速器控制单元 (40 针 +81 针) 电脑端子图如图 21-1 所示。

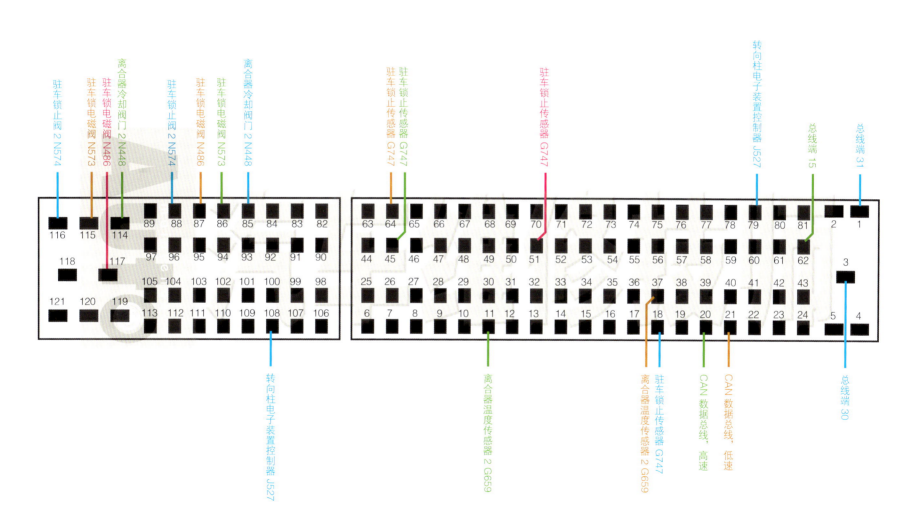

图 21-1

第 22 章 2016—2021 年上汽大众波罗 6 挡自动变速器（81 针）电脑端子图

2016—2021 年上汽大众波罗 6 挡自动变速器（81 针）电脑端子图如图 22-1 所示。

022

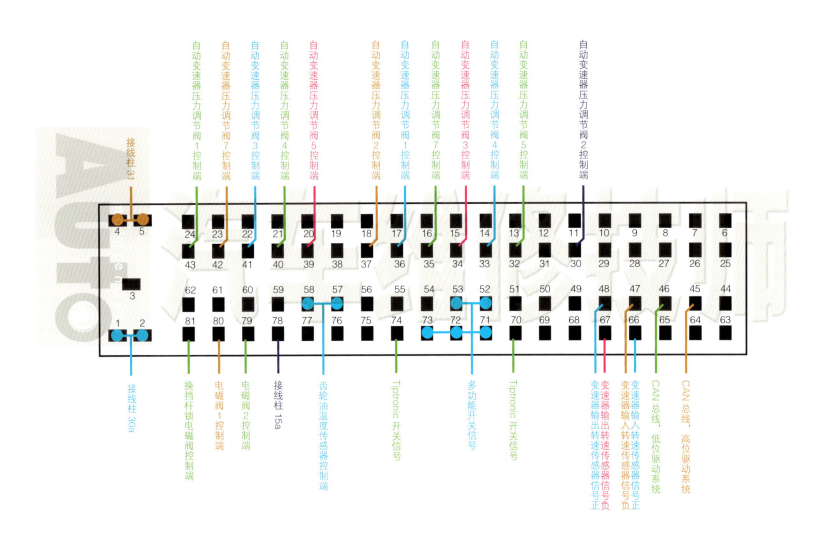

图 22-1

第 23 章　2016 年上汽大众波罗 0CW 双离合器变速器（25 针）电脑端子图

2016 年上汽大众波罗 0CW 双离合器变速器（25 针）电脑端子图如图 23-1 所示。

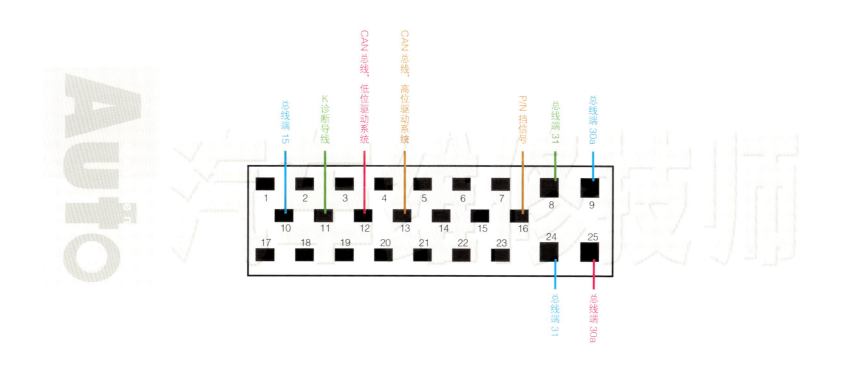

图 23-1

第24章　2018—2021年上汽大众全新朗逸 Plus、全新朗逸休旅版双离合器变速器(25针)电脑端子图

2018—2021年上汽大众全新朗逸 Plus、全新朗逸休旅版双离合器变速器(25针)电脑端子图如图 24-1 所示。

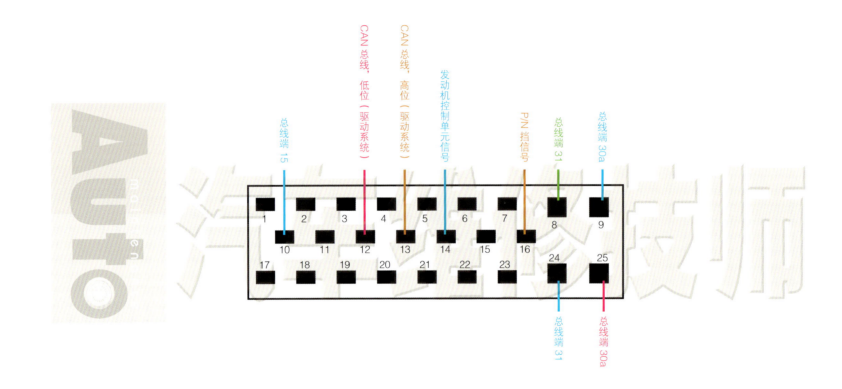

图 24-1

第25章　2018—2021年上汽大众全新朗逸 Plus、全新朗逸休旅版6挡自动变速器(81针)电脑端子图

2018—2021 年上汽大众全新朗逸 Plus、全新朗逸休旅版 6 挡自动变速器 (81 针) 电脑端子图如图 25-1 所示。

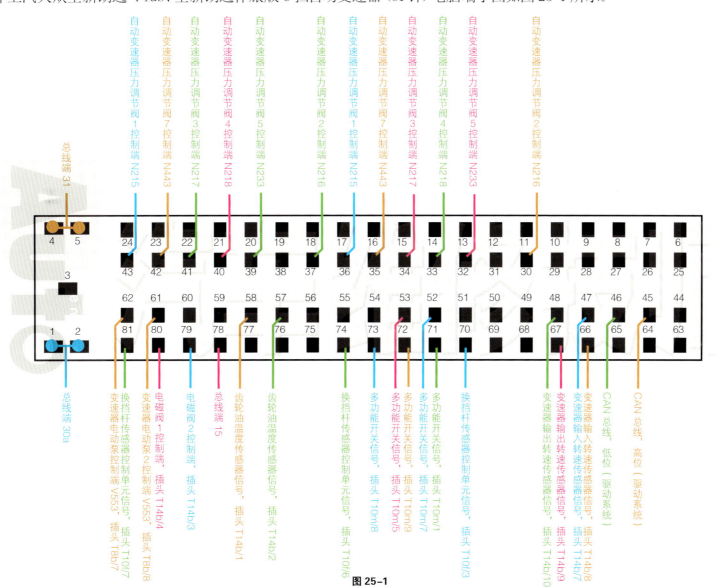

图 25-1

025

第 26 章　2016—2021 年上汽大众新桑塔纳 6 挡自动变速器（81 针）电脑端子图

2016—2021 年上汽大众新桑塔纳 6 挡自动变速器（81 针）电脑端子图如图 26-1 所示。

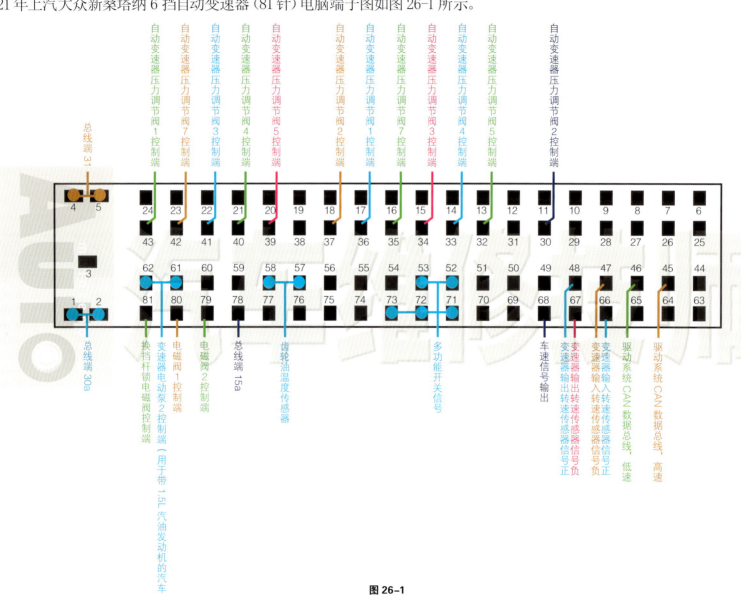

图 26-1

026

第 27 章　2015—2017 年上汽大众新桑塔纳 0AM 7 挡双离合器变速器（25 针）电脑端子图

2015—2017 年上汽大众新桑塔纳 0AM 7 挡双离合器变速器（25 针）电脑端子图如图 27-1 所示。

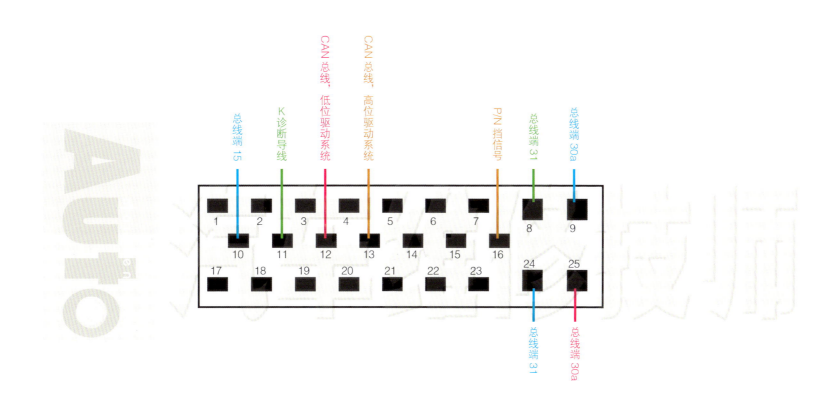

图 27-1

第 28 章　2018—2021 年上汽大众凌渡 0CW 7 挡双离合器变速器（25 针）电脑端子图

2018—2021 年上汽大众凌渡 0CW 7 挡双离合器变速器（25 针）电脑端子图如图 28-1 所示。

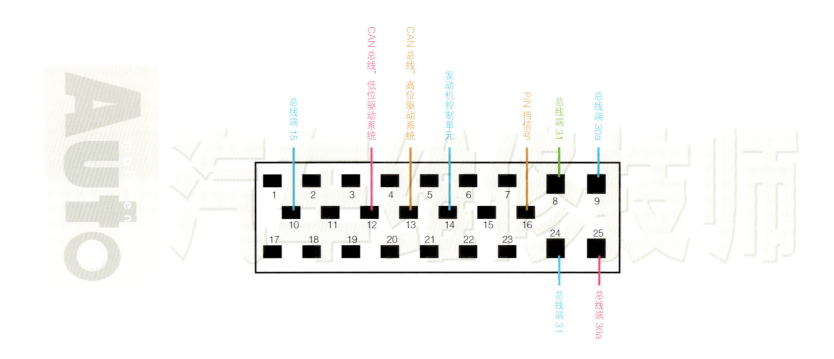

图 28-1

第 29 章　2015—2018 年上汽大众凌渡 0DE 7 挡双离合器变速器（16 针）电脑端子图

2015—2018 年上汽大众凌渡 0DE 7 挡双离合器变速器（16 针）电脑端子图如图 29-1 所示。

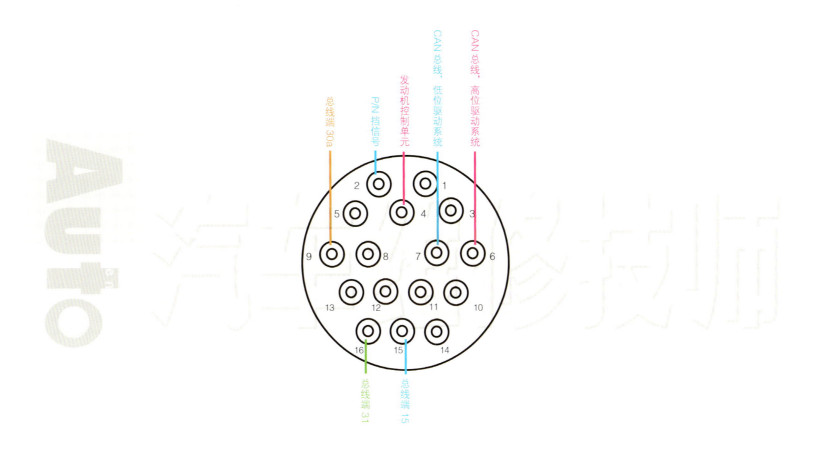

图 29-1

第 30 章　2011—2016 年上汽大众帕萨特 02E 6 挡湿式双离合器变速器（20 针）电脑端子图

2011—2016 年上汽大众帕萨特 02E 6 挡湿式双离合器变速器（20 针）电脑端子图如图 30-1 所示。

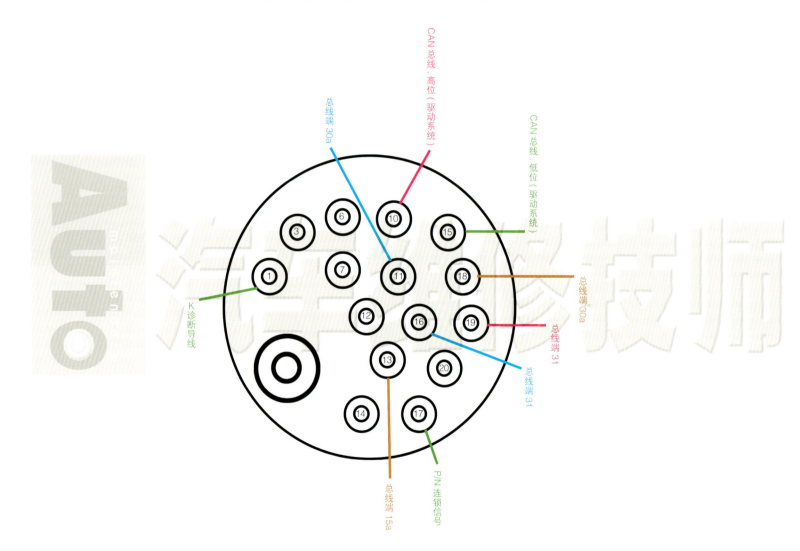

图 30-1

第 31 章　2011—2018 年上汽大众帕萨特 OAM 7 挡干式双离合器变速器（25 针）电脑端子图

2011—2018 年上汽大众帕萨特 OAM 7 挡干式双离合器变速器（25 针）电脑端子图如图 31-1 所示。

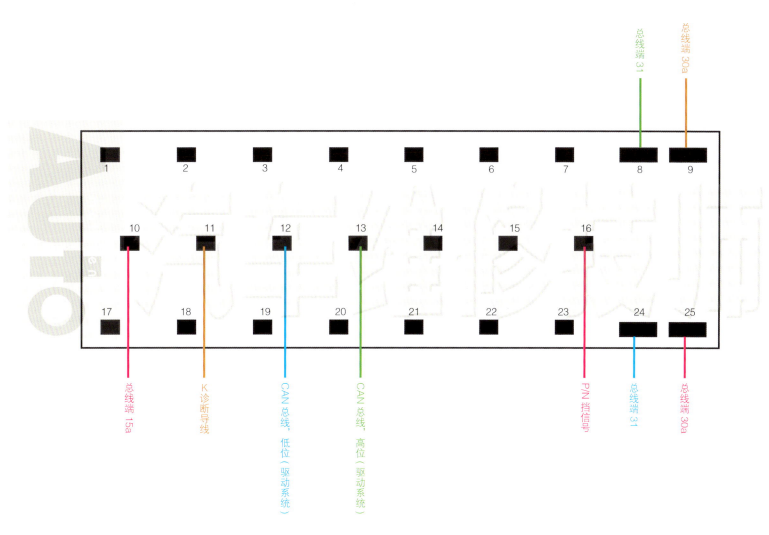

图 31-1

第32章 2011—2015年上汽大众帕萨特6挡自动变速器（52针）电脑端子图

2011—2015年上汽大众帕萨特6挡自动变速器（52针）电脑端子图如图32-1所示。

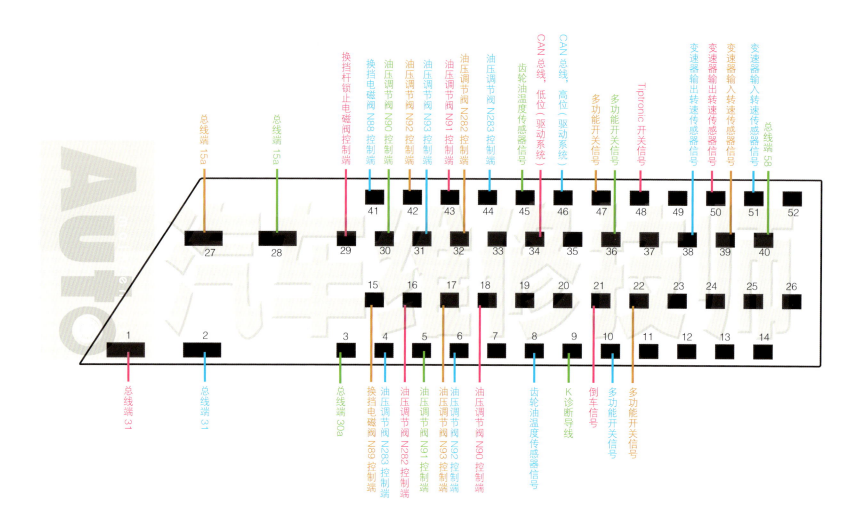

图 32-1

第 33 章 2016—2021 年上汽大众帕萨特 0DE 7 挡双离合器变速器（16 针）电脑端子图

2016—2021 年上汽大众帕萨特 0DE 7 挡双离合器变速器（16 针）电脑端子图如图 33-1 所示。

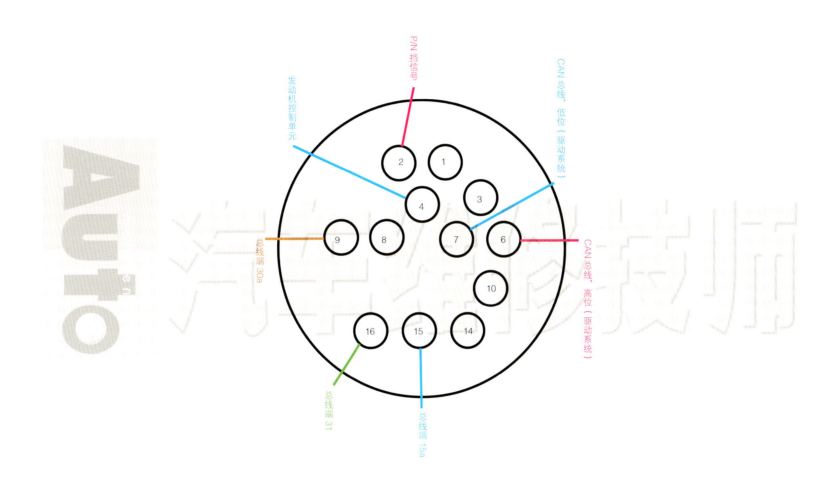

033

图 33-1

第 34 章　2019—2021 年上汽大众全新一代帕萨特 0CW 7 挡双离合器变速器（25 针）电脑端子图

2019—2021 年上汽大众全新一代帕萨特 0CW 7 挡双离合器变速器（25 针）电脑端子图如图 34-1 所示。

034

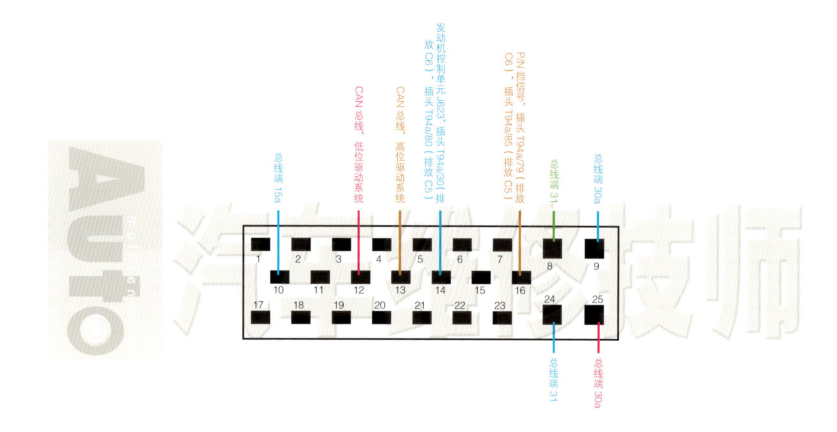

图 34-1

第 35 章　2019—2021 年帕萨特 PHEV 混动 6 挡双离合器变速器（2 针 +10 针）电脑端子图

2019—2021 年上汽大众全新一代帕萨特 PHEV 混动 6 挡湿式双离合器变速器（2 针 +10 针）电脑端子图如图 35-1 所示。

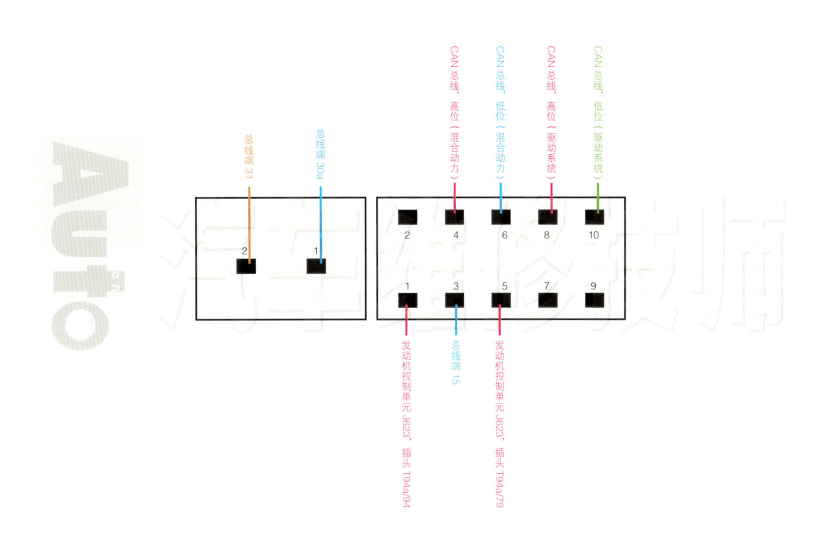

图 35-1

第 36 章　2019—2021 年帕萨特 PHEV 电驱动装置的功率及控制电子系统 JX1（5 针 +28 针）电脑端子图

2019—2021 年上汽大众全新一代帕萨特 PHEV 混动电驱动装置的功率及控制电子系统 JX1（5 针 +28 针）电脑端子图如图 36-1 所示。

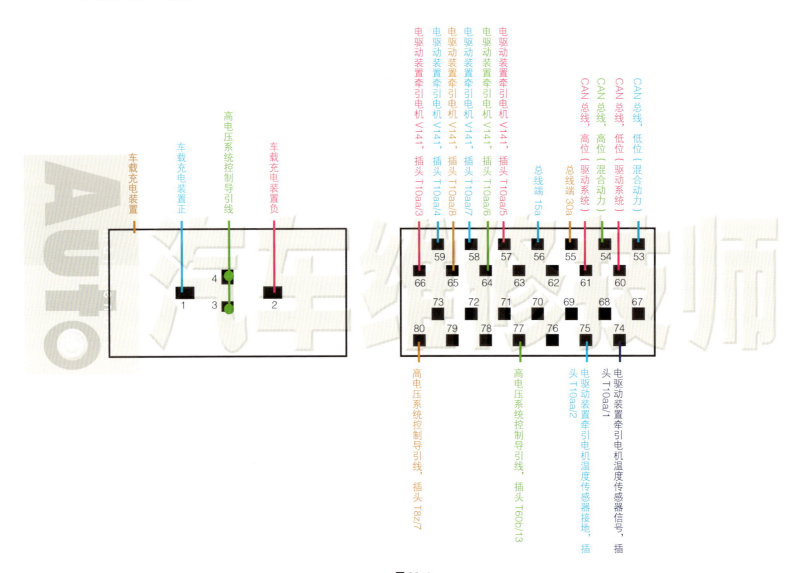

图 36-1

第 37 章　2016—2021 年上汽大众辉昂 OCK 7 挡双离合器变速器（23 针）电脑端子图

2016—2021 年上汽大众辉昂 OCK 7 挡双离合器变速器（23 针）电脑端子图如图 37-1 所示。

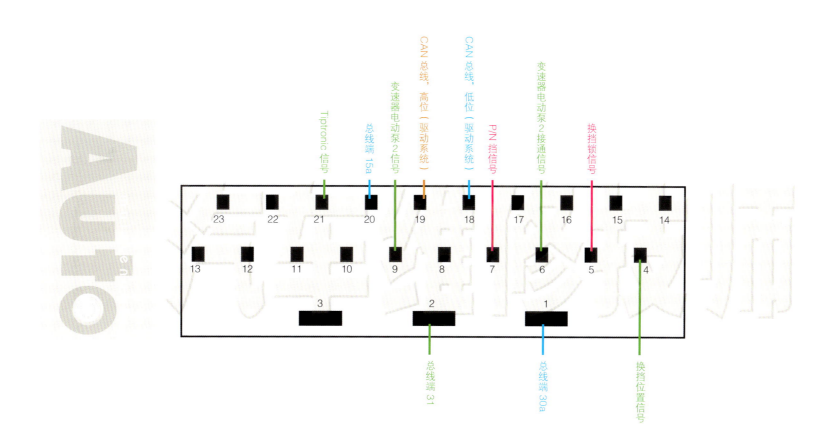

图 37-1

第 38 章　2016—2021 年上汽大众辉昂 0B5 7 挡湿式双离合器变速器（16 针）电脑端子图

2016—2021 年上汽大众辉昂 0B5 7 挡湿式双离合器变速器（16 针）电脑端子图如图 38-1 所示。

038

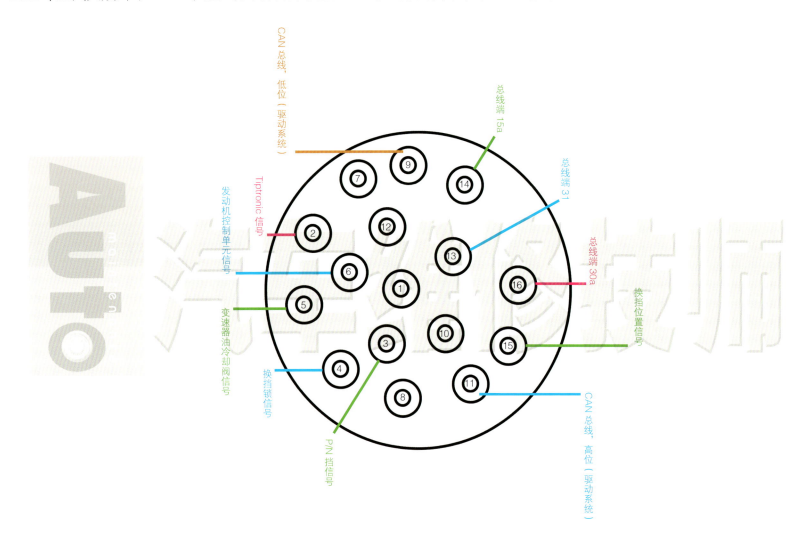

CAN 总线"低位（驱动系统）

总线端 15a

总线端 31

Tiptronic 信号

发动机控制单元信号

总线端 30a

换挡位置信号

变速器油冷却阀信号

换挡锁信号

P/N 挡信号

CAN 总线"高位（驱动系统）

图 38-1

第 39 章　2021 年以后上汽大众辉昂 PHEV 混动 0BW 8 挡自动变速器（16 针）电脑端子图

2021 年以后上汽大众辉昂 PHEV 混动 0BW 8 挡自动变速器（16 针）电脑端子图如图 39-1 所示。

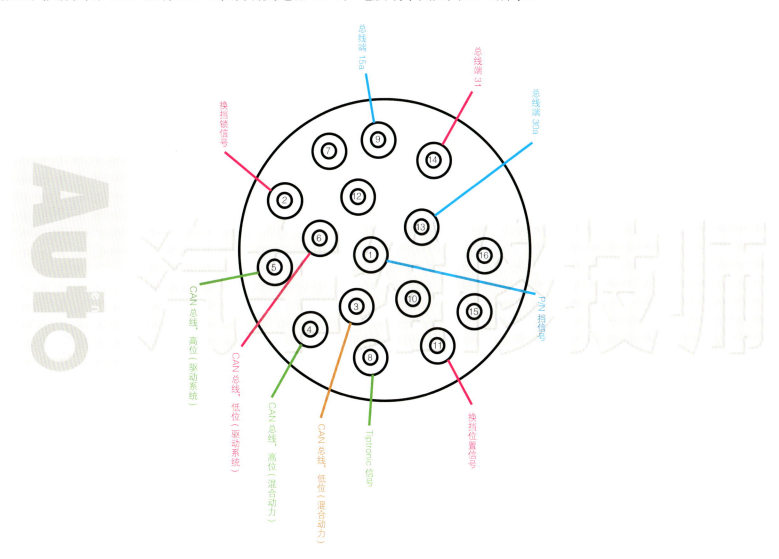

图 39-1

第 40 章　2021 年以后上汽大众辉昂 PHEV 混动电驱动装置控制单元（28 针 +5 针）电脑端子图

2021 年以后上汽大众辉昂 PHEV 混动电驱动装置控制单元（28 针 +5 针）电脑端子图如图 40-1 所示。

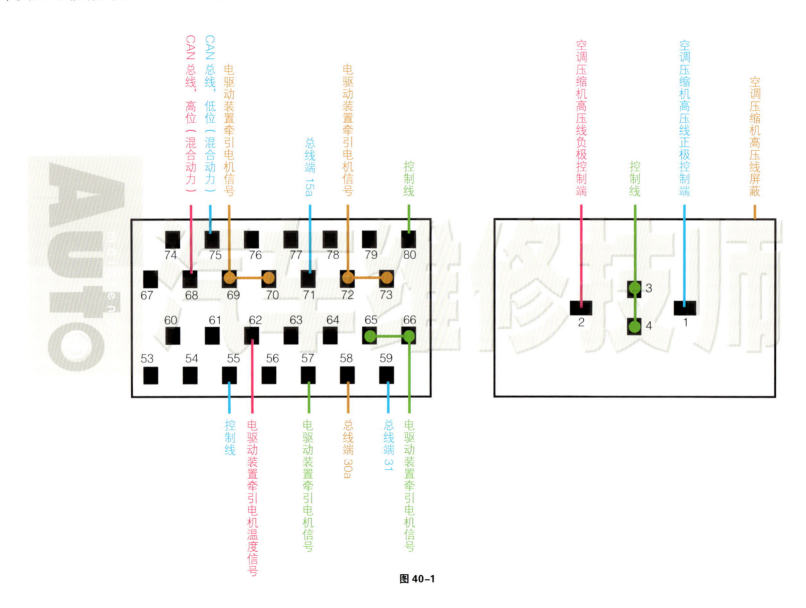

图 40-1

第 41 章　2016—2021 年上汽大众途安 L 0CW 7 挡双离合器变速器（25 针）电脑端子图

2016—2021 年上汽大众途安 L 0CW 7 挡双离合器变速器（25 针）电脑端子图如图 41-1 所示。

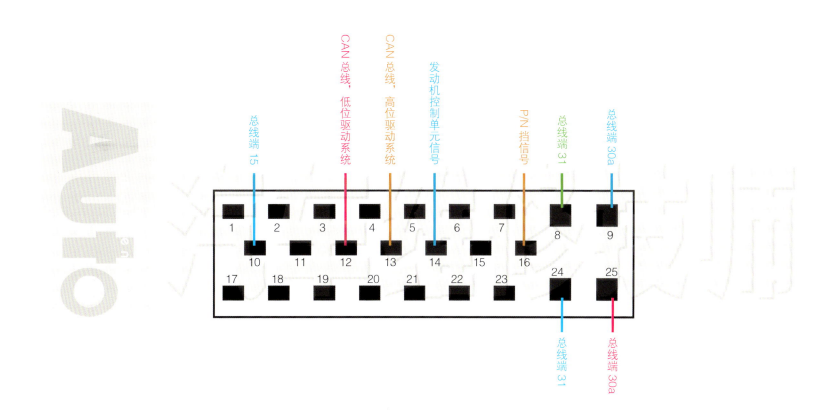

图 41-1

第 42 章　2016—2018 年上汽大众途安 L 0DE 7 挡双离合器变速器（16 针）电脑端子图

2016—2018 年上汽大众途安 L 0DE 7 挡双离合器变速器（16 针）电脑端子图如图 42-1 所示。

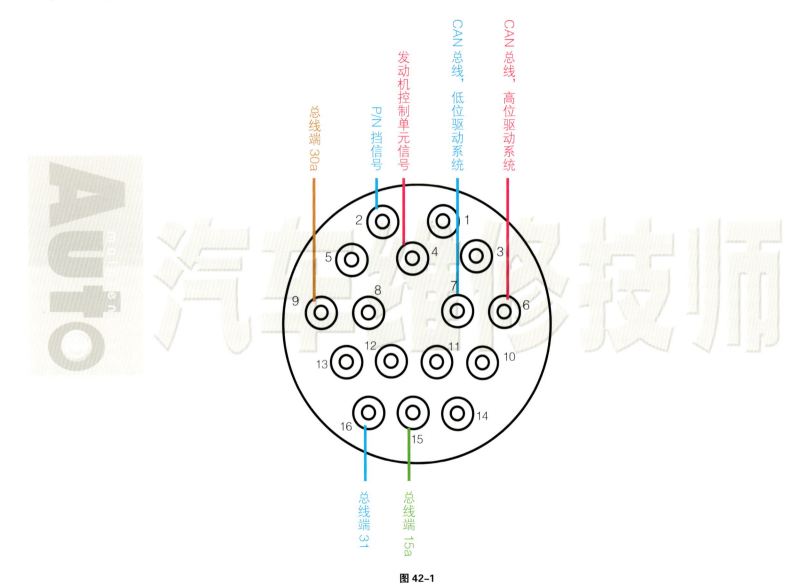

图 42-1

第 43 章　2018—2019 年上汽大众途观 L 0D9 6 挡双离合器变速器（20 针）电脑端子图

2018—2019 年上汽大众途观 L 0D9 6 挡双离合器变速器（20 针）电脑端子图如图 43-1 所示。

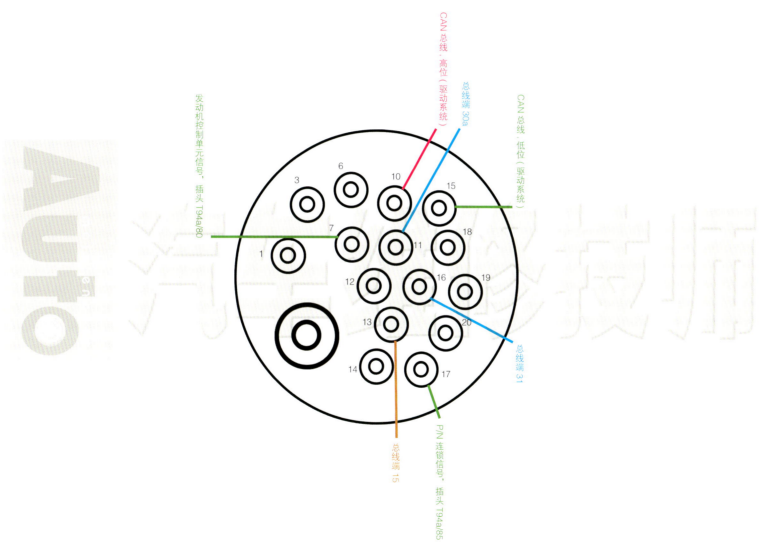

发动机控制单元信号”插头 T94a/80

CAN 总线，高位（驱动系统）

总线端 30a

CAN 总线，低位（驱动系统）

总线端 31

总线端 15

P/N 连锁信号”插头 T94a/85

图 43-1

第 44 章 2017—2021 年上汽大众途观 L 0DE/0DW 7 挡双离合器变速器（16 针）电脑端子图

2017—2021 年上汽大众途观 L 0DE/0DW 7 挡双离合器变速器（16 针）电脑端子图如图 44-1 所示。

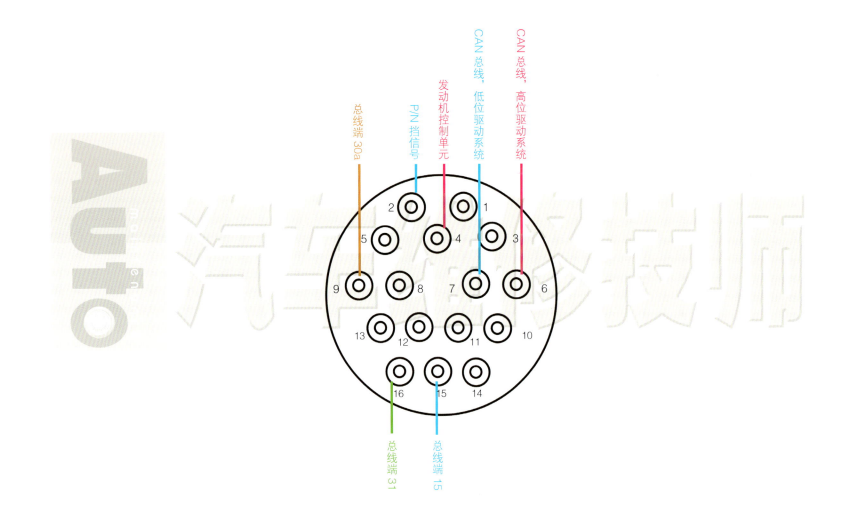

图 44-1

第 45 章 2017—2021 年上汽大众途昂 0DE 7 挡双离合器变速器（16 针）电脑端子图

2017—2021 年上汽大众途昂 0DE 7 挡双离合器变速器（16 针）电脑端子图如图 45-1 所示。

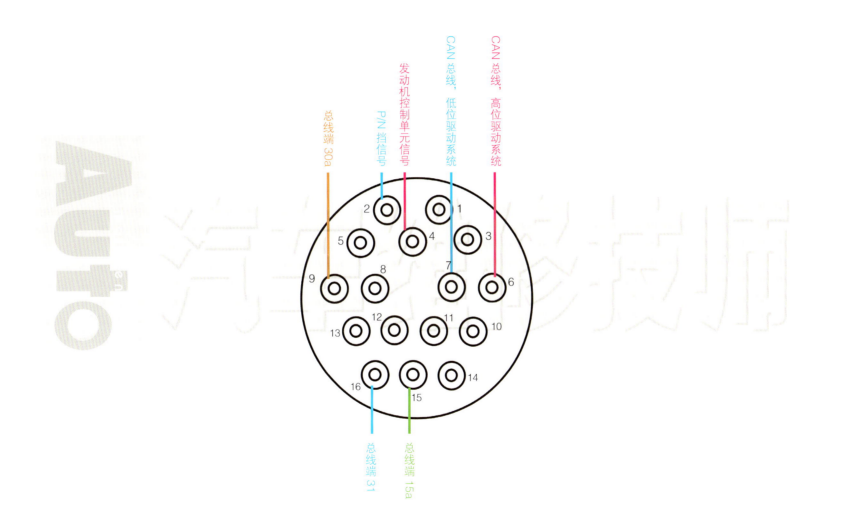

图 45-1

第 46 章　2017—2021 年上汽斯柯达明锐 6 挡自动变速器（81 针）电脑端子图

2017—2021 年上汽斯柯达明锐 6 挡自动变速器（81 针）电脑端子图如图 46-1 所示。

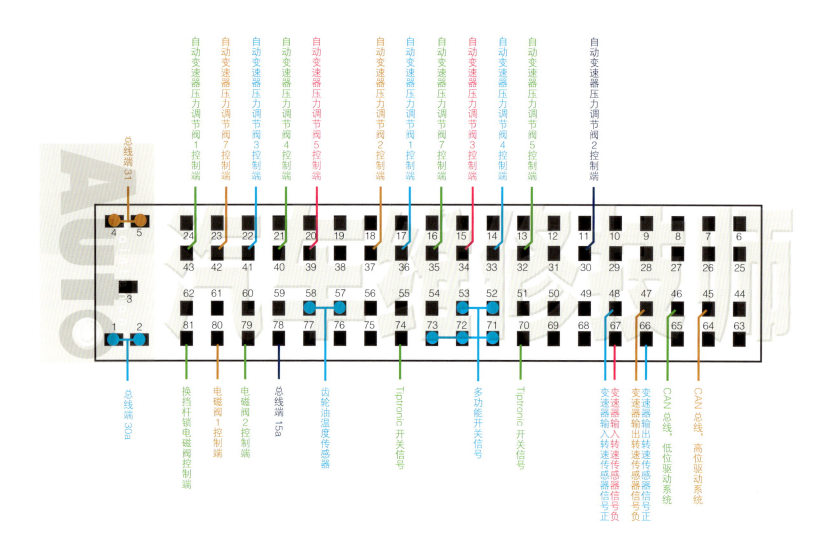

图 46-1

第 47 章　2017—2021 年上汽斯柯达明锐 7 挡双离合器变速器（25 针）电脑端子图

2017—2021 年上汽斯柯达明锐 7 挡双离合器变速器（25 针）电脑端子图如图 47-1 所示。

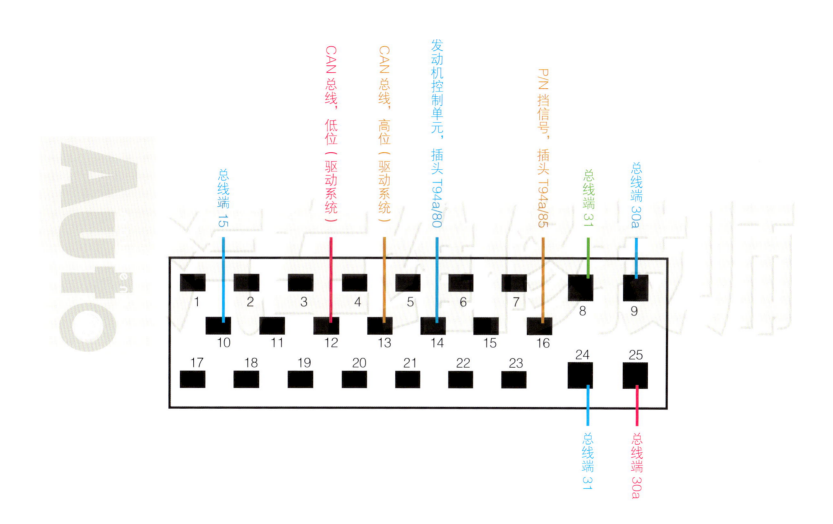

图 47-1

第 48 章　2016—2021 年上汽斯柯达昕锐 6 挡自动变速器（81 针）电脑端子图

2016—2021 年上汽斯柯达昕锐 6 挡自动变速器（81 针）电脑端子图如图 48-1 所示。

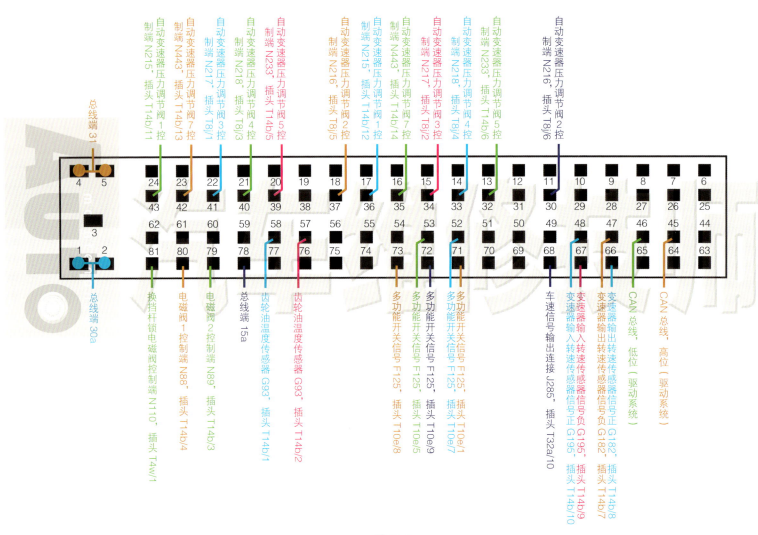

图 48-1

第 49 章　2018—2021 年上汽斯柯达新速派 0CW 7 挡双离合器变速器（25 针）电脑端子图

2018—2021 年上汽斯柯达新速派 0CW 7 挡双离合器变速器（25 针）电脑端子图如图 49-1 所示。

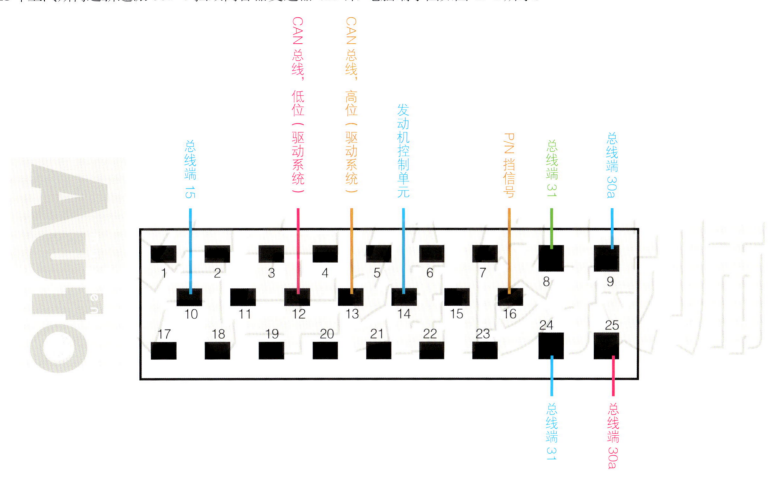

图 49-1

第 50 章 2016—2021 年上汽斯柯达新速派 ODE 7 挡双离合器变速器（16 针）电脑端子图

2016—2021 年上汽斯柯达新速派 ODE 7 挡双离合器变速器（16 针）电脑端子图如图 50-1 所示。

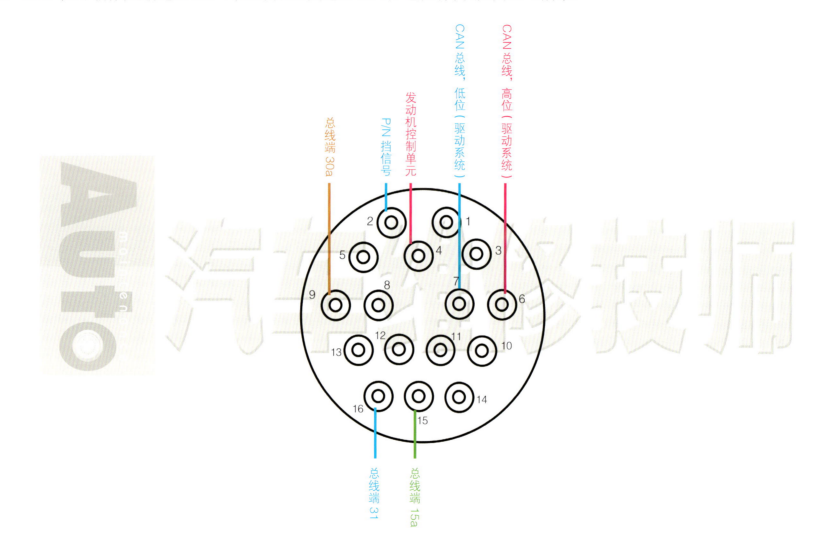

CAN 总线，高位（驱动系统）

CAN 总线，低位（驱动系统）

发动机控制单元

P/N 挡信号

总线端 30a

总线端 31

总线端 15a

图 50-1

第 51 章　2018—2021 年上汽斯柯达柯迪亚克 7 挡双离合器变速器（16 针）电脑端子图

2018—2021 年上汽斯柯达柯迪亚克 7 挡双离合器变速器（16 针）电脑端子图如图 51-1 所示。

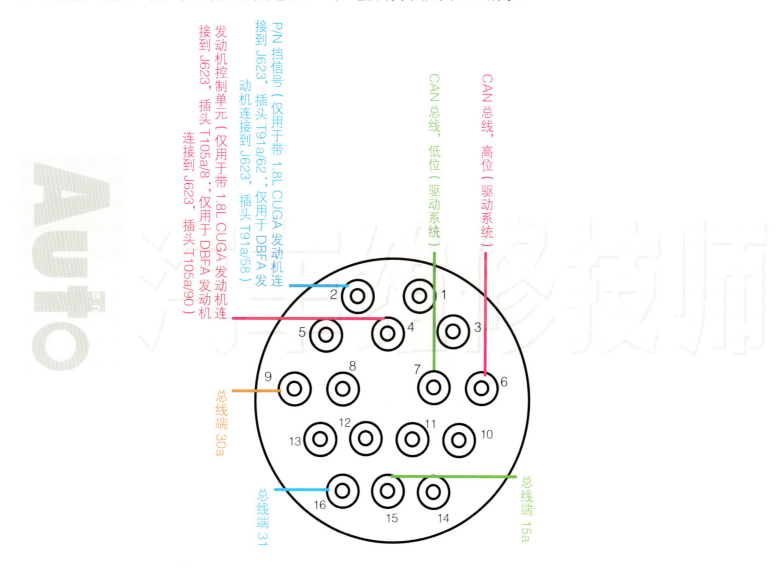

发动机控制单元（仅用于带 1.8L CUGA 发动机连接到 J623'，插头 T105a/8'；仅用于 DBFA 发动机连接到 J623'，插头 T105a/90）

接到 J623'，插头 T105a/8'；仅用于 DBFA 发动机连接到 J623'，插头 T105a/90）

P/N 挡信号（仅用于带 1.8L CUGA 发动机连接到 J623'，插头 T91a/62'；仅用于 DBFA 发动机连接到 J623'，插头 T91a/58）

CAN 总线，低位（驱动系统）

CAN 总线，高位（驱动系统）

总线端 30a

总线端 31

总线端 15a

图 51-1

051

第 52 章　2018—2021 年上汽斯柯达柯迪亚克 0D9 6 挡双离合器变速器（20 针）电脑端子图

2018—2021 年上汽斯柯达柯迪亚克 0D9 6 挡双离合器变速器（20 针）电脑端子图如图 52-1 所示。

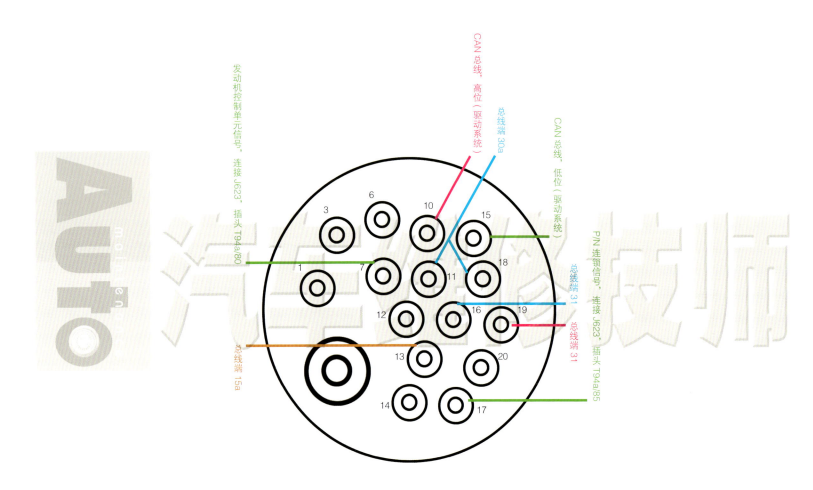

图 52-1

第 53 章　2018—2021 年上汽斯柯达柯珞克 7 挡双离合器变速器（25 针）电脑端子图

2018—2021 年上汽斯柯达柯珞克 7 挡双离合器变速器（25 针）电脑端子图如图 53-1 所示。

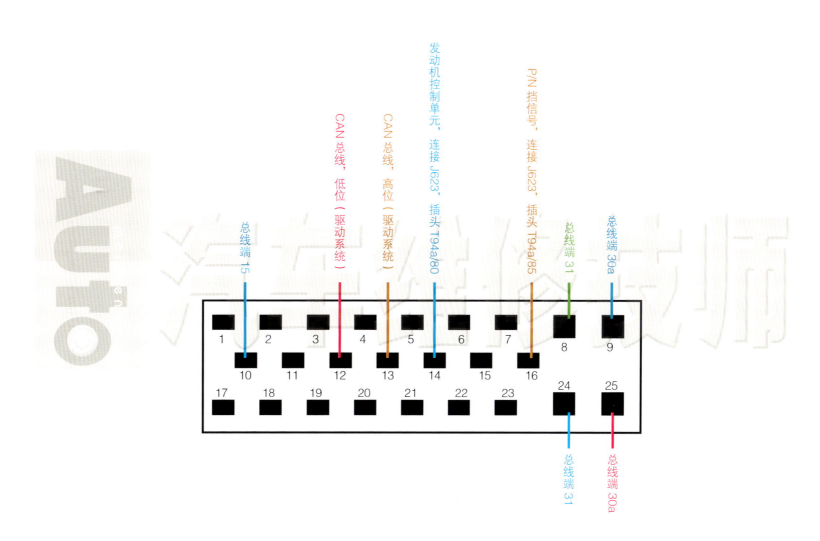

图 53-1

第 54 章　2018—2021 年上汽斯柯达柯米克 6 挡自动变速器（81 针）电脑端子图

2018—2021 年上汽斯柯达柯米克 6 挡自动变速器（81 针）电脑端子图如图 54-1 所示。

054

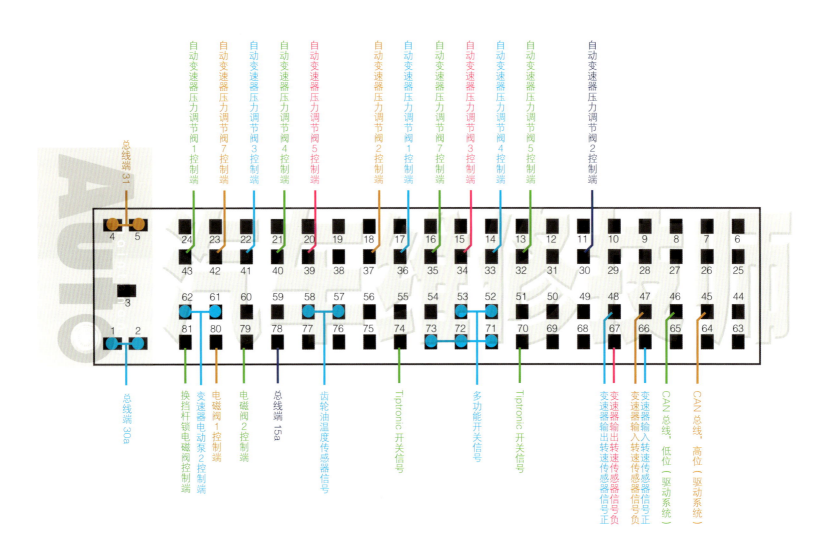

图 54-1

第 55 章　2018—2021 年一汽大众车系 DQ380 和 DQ381 7 挡双离合器变速器（16 针）电脑端子图

2018—2021 年一汽大众车系 DQ380 和 DQ381 7 挡双离合器变速器（16 针）电脑端子图如图 55-1 所示。

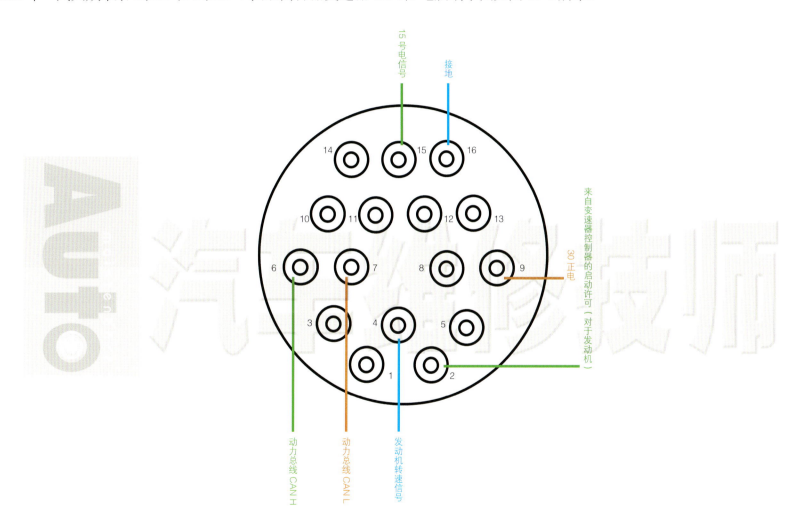

图 55-1

第56章 2018—2021年一汽大众车系09G 6挡自动变速器（81针）电脑端子图

2018—2021年一汽大众车系09G 6挡自动变速器（81针）电脑端子图如图56-1所示。

056

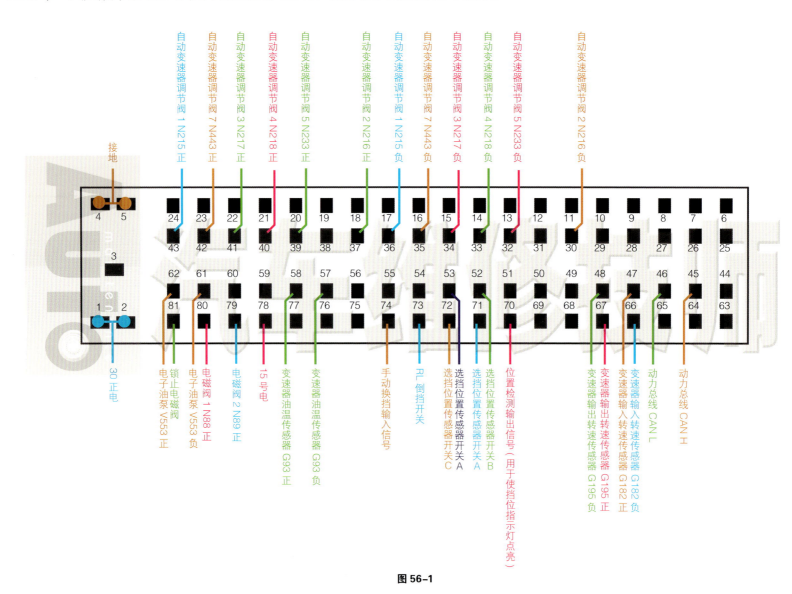

图56-1

第 57 章　2018—2021 年一汽大众车系 DQ200 7 挡双离合器变速器（25 针）电脑端子图

2018—2021 年一汽大众车系 DQ200 7 挡双离合器变速器（25 针）电脑端子图如图 57-1 所示。

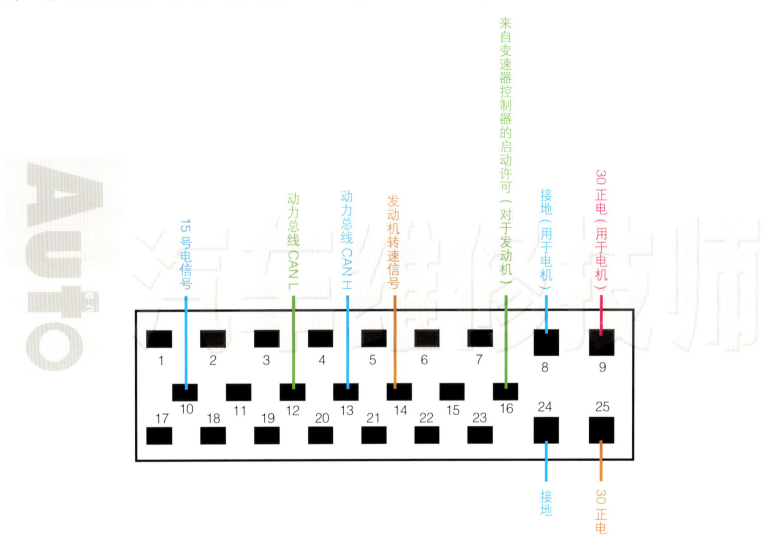

图 57-1

第58章　2020年一汽大众电动高尔夫（e-golf）电驱动装置的功率及控制电子系统JX1电脑端子图

2020年一汽大众电动高尔夫（e-golf）电驱动装置的功率及控制电子系统 JX1 电脑端子图如图 58-1 所示。

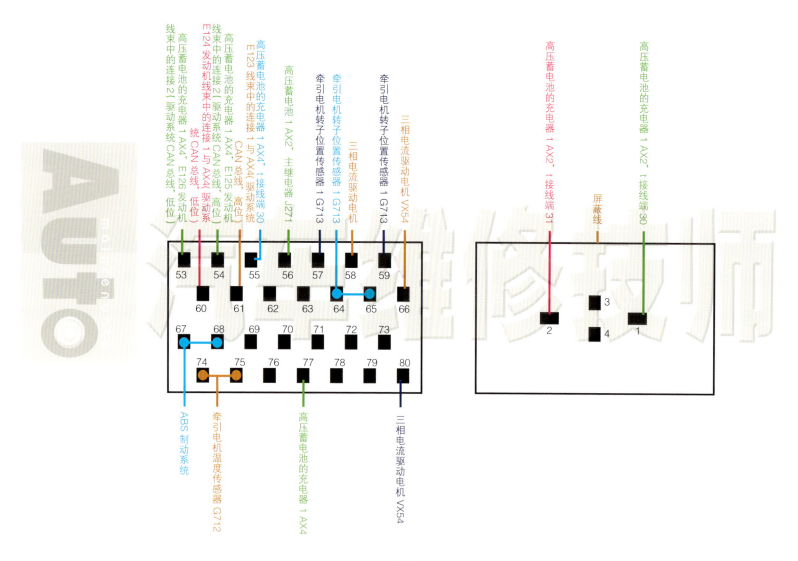

图58-1

第 59 章　2017—2019 年华晨宝马 1 系（F52）6 挡自动变速器（15 针）电脑端子图

2017—2019 年华晨宝马 1 系（F52）6 挡自动变速器（15 针）电脑端子图如图 59-1 所示。

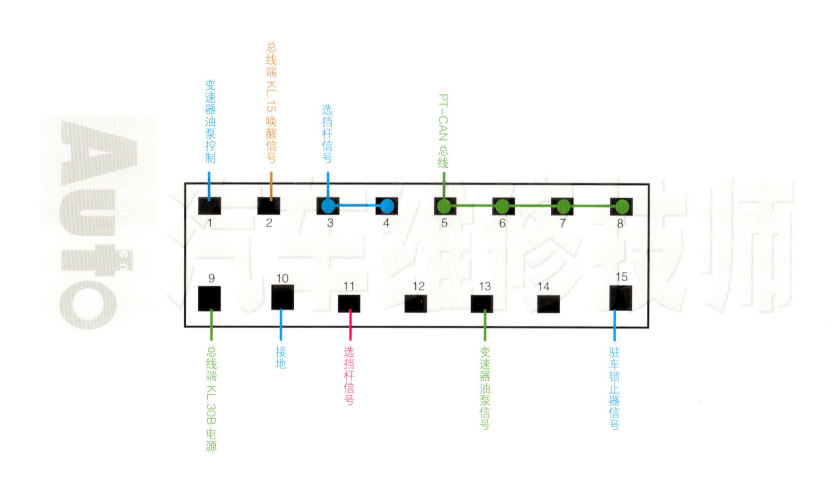

059

图 59-1

第 60 章　2017—2019 年华晨宝马 1 系（F52）8 挡自动变速器（16 针）电脑端子图

2017—2019 年华晨宝马 1 系（F52）8 挡自动变速器（16 针）电脑端子图如图 60-1 所示。

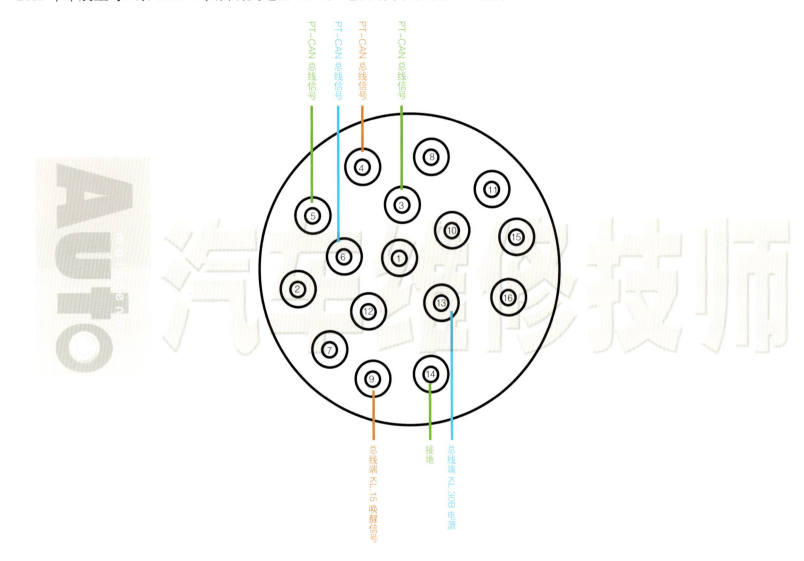

图 60-1

第 61 章 2020—2021 年华晨宝马 1 系（F52）7 挡双离合器变速器（67 针 +58 针）电脑端子图

2020—2021 年华晨宝马 1 系（F52）7 挡双离合器变速器（67 针 +58 针）电脑端子图如图 61-1 所示。

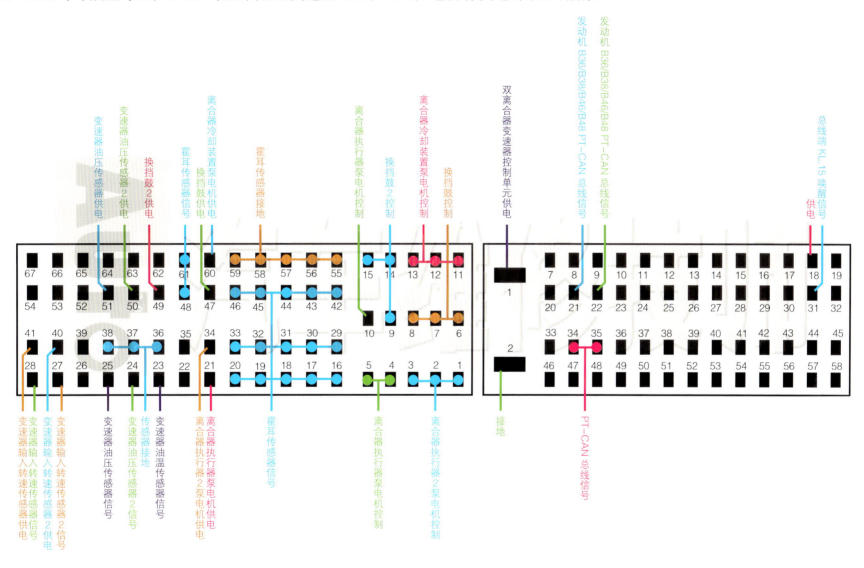

图 61-1

第 62 章　2016—2019 年华晨宝马 2 系旅行车（F45）6 挡自动变速器（15 针）电脑端子图

2016—2019 年华晨宝马 2 系旅行车（F45）6 挡自动变速器（15 针）电脑端子图如图 62-1 所示。

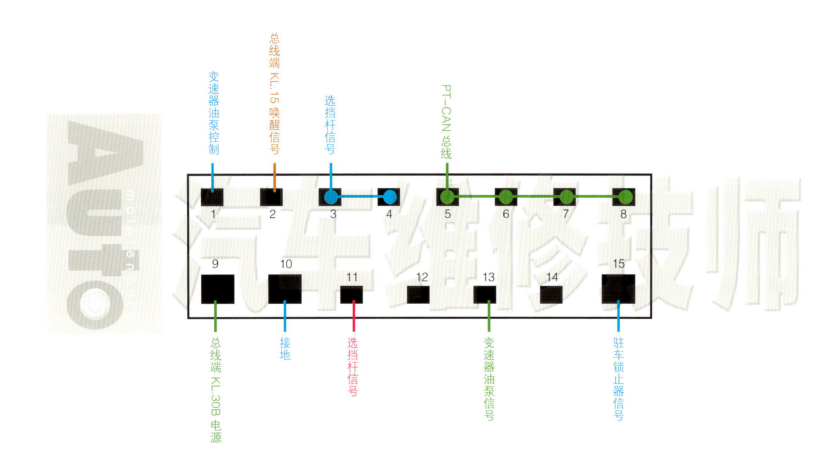

图 62-1

第 63 章　2016—2019 年华晨宝马 2 系旅行车（F45）8 挡自动变速器（16 针）电脑端子图

2016—2019 年华晨宝马 2 系旅行车（F45）8 挡自动变速器（16 针）电脑端子图如图 63-1 所示。

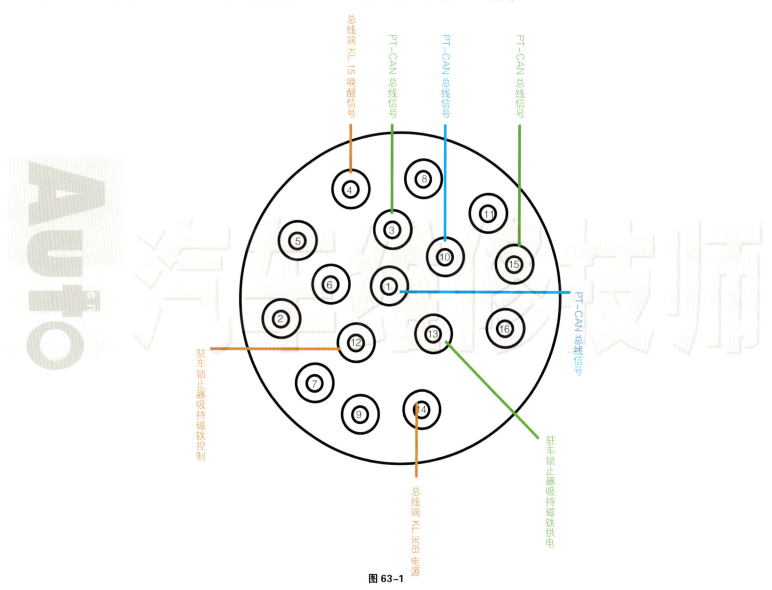

图 63-1

第 64 章　2021 年宝马 2 系（F45）7 挡双离合器变速器（67 针 +58 针）电脑端子图

2021 年宝马 2 系（F45）7 挡双离合器变速器（67 针 +58 针）电脑端子图如图 64-1 所示。

064

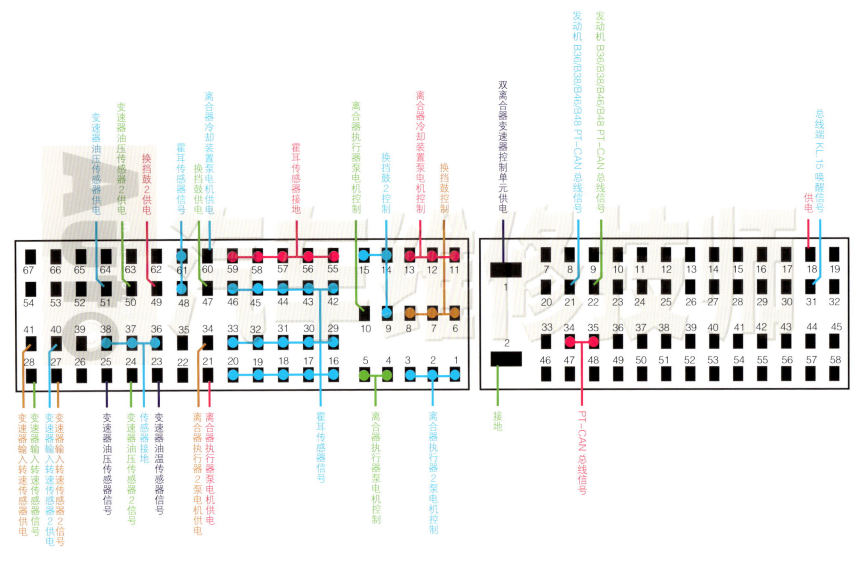

图 64-1

第 65 章 2018—2021 年华晨宝马 3 系（F34/F35）8 挡自动变速器（16 针）电脑端子图

2018—2021 年华晨宝马 3 系（F34/F35）8 挡自动变速器（16 针）电脑端子图如图 65-1 所示。

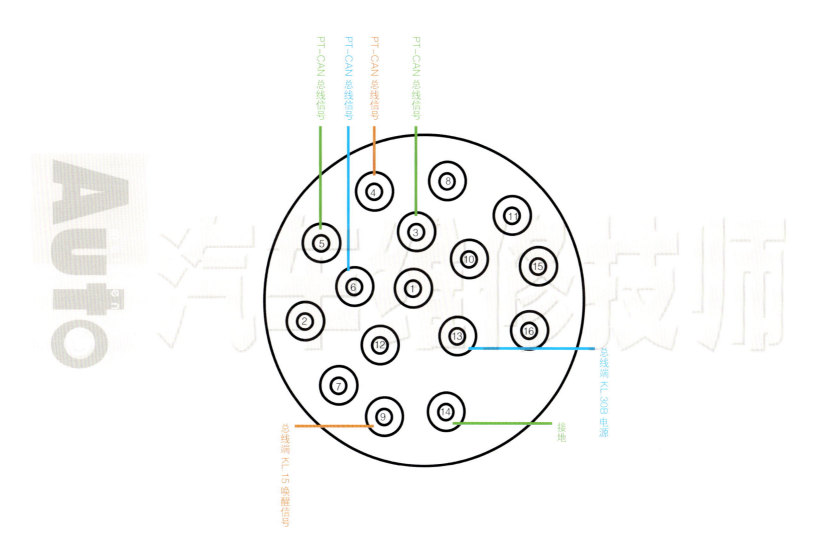

图 65-1

第 66 章　2017—2021 年宝马 4 系（F36）8 挡自动变速器（16 针）电脑端子图

2017—2021 年宝马 4 系（F36）8 挡自动变速器（16 针）电脑端子图如图 66-1 所示。

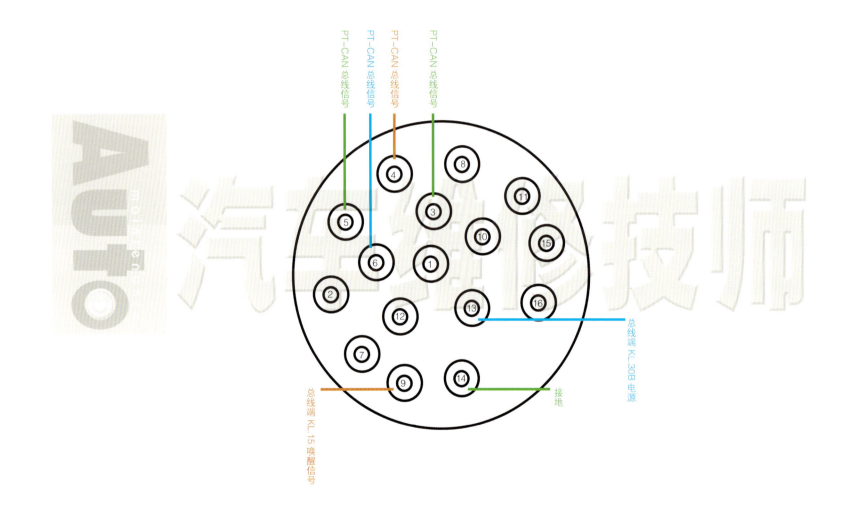

图 66-1

第 67 章　2017—2021 年华晨宝马 5 系（G38）8 挡自动变速器（16 针）电脑端子图

2017—2021 年华晨宝马 5 系（G38）8 挡自动变速器（16 针）电脑端子图如图 67-1 所示。

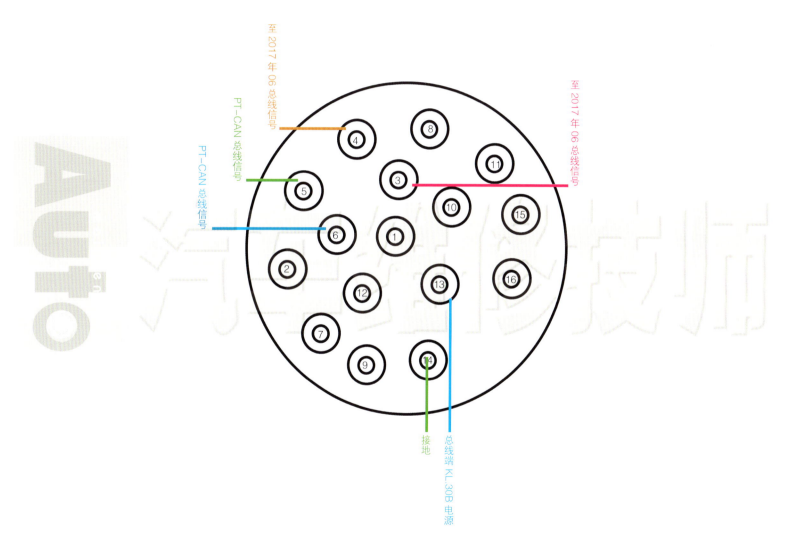

图 67-1

第 68 章　2019—2021 年宝马 5 系新能源（G38）8 挡自动变速器（16 针）电脑端子图

2019—2021 年宝马 5 系新能源（G38）8 挡自动变速器（16 针）电脑端子图如图 68-1 所示。

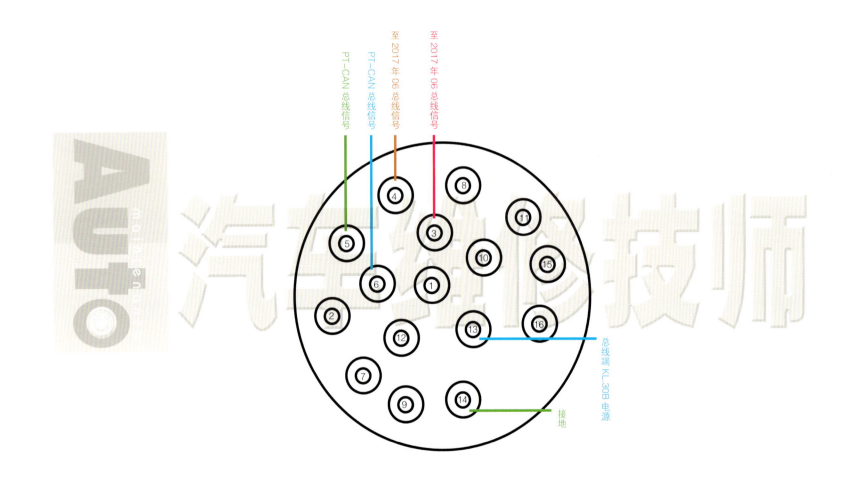

PT-CAN 总线信号
PT-CAN 总线信号
至 2017 年 06 总线信号
至 2017 年 06 总线信号

总线端 KL30B 电源

接地

图 68-1

第 69 章 2019—2021 年华晨宝马 5 系新能源（G38）电机电子装置控制单元（58 针）电脑端子图

2019—2021 年华晨宝马 5 系新能源（G38）电机电子装置控制单元（58 针）电脑端子图如图 69-1 所示。

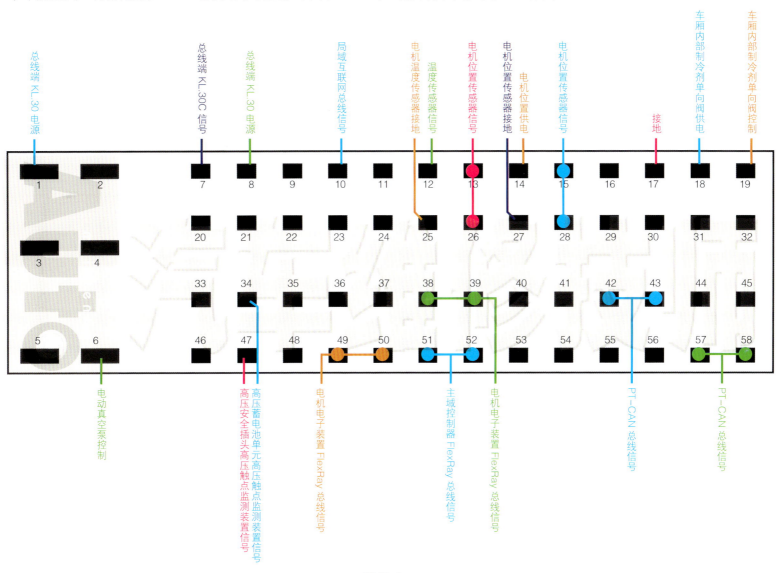

图 69-1

069

第 70 章　2018—2021 年宝马 6 系 GT（G32）8 挡自动变速器（16 针）电脑端子图

2018—2021 年宝马 6 系 GT（G32）8 挡自动变速器（16 针）电脑端子图如图 70-1 所示。

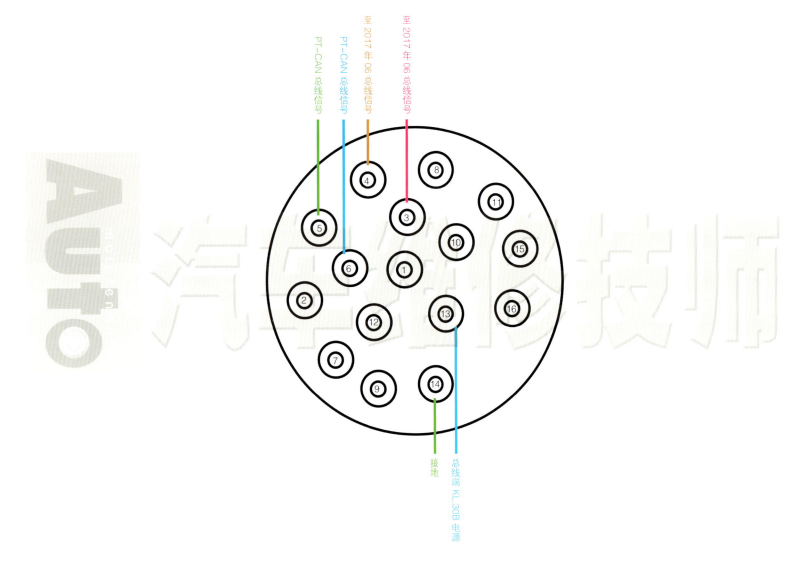

图 70-1

第 71 章　2019—2021 年宝马 730Li 和 740Li（G12）8 挡自动变速器（16 针）电脑端子图

2019—2021 年宝马 730Li 和 740Li（G12）8 挡自动变速器（16 针）电脑端子图如图 71-1 所示。

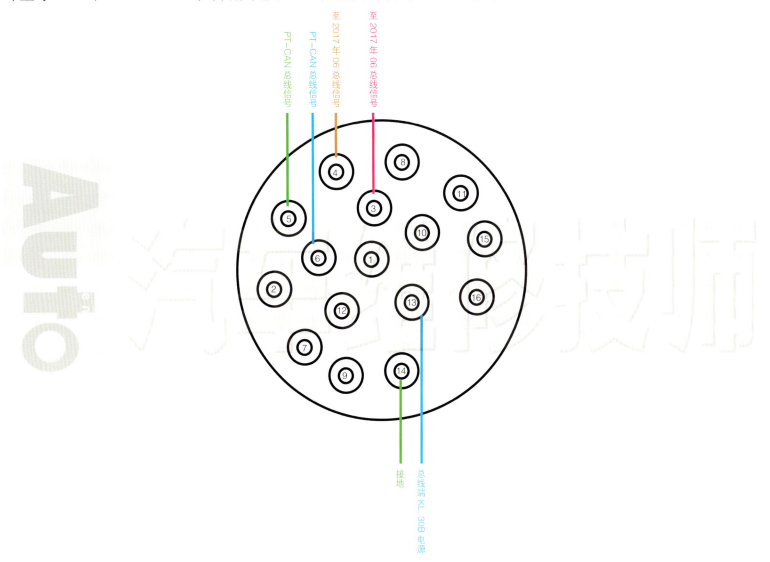

PT-CAN 总线信号

PT-CAN 总线信号

至 2017 年 06 总线信号

至 2017 年 06 总线信号

接地

总线端 KL 30B 电源

图 71-1

第 72 章　2012 年宝马新能源 740Le（G12）8 挡自动变速器（16 针）电脑端子图

2012 年宝马新能源 740Le（G12）8 挡自动变速器（16 针）电脑端子图如图 72-1 所示。

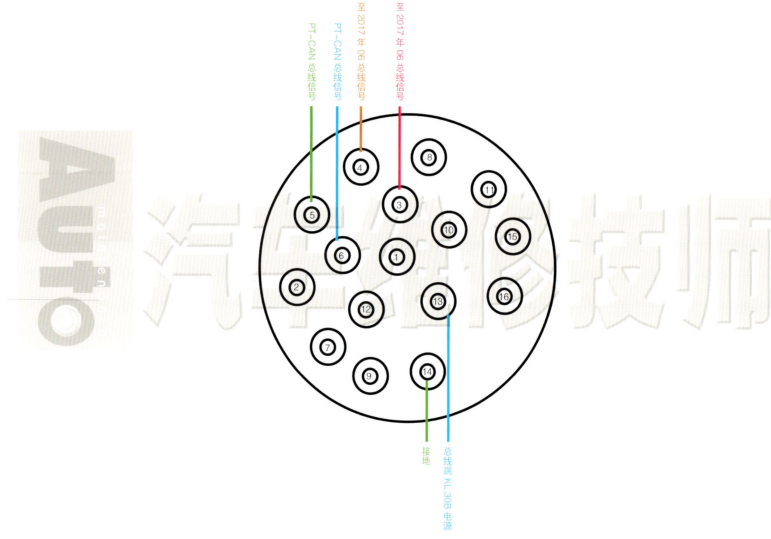

图 72-1

第 73 章　2012 年宝马新能源 740Le（G12）电机电子装置控制单元（58 针）电脑端子图

2012 年宝马新能源 740Le（G12）电机电子装置控制单元（58 针）电脑端子图如图 73-1 所示。

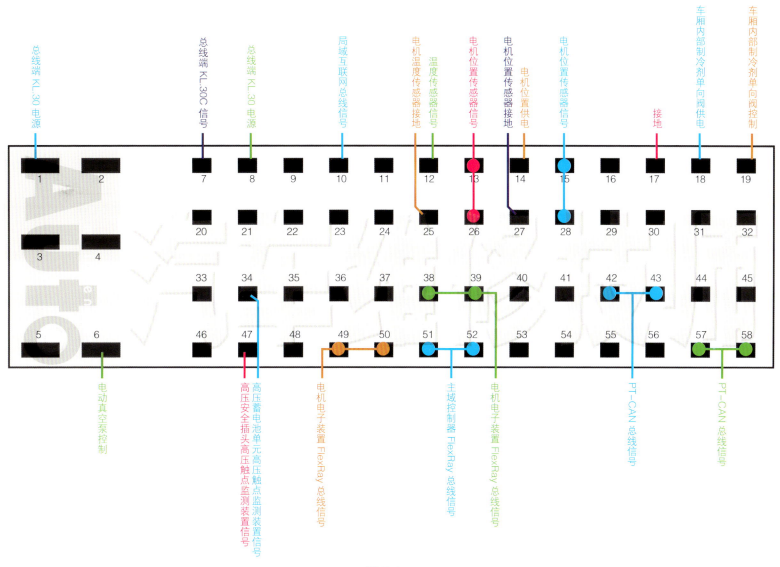

073

图 73-1

第 74 章 2021 年华晨宝马 iX3（G08）电机电子装置控制单元（58 针 +6 针）电脑端子图

2021 年华晨宝马 iX3（G08）电机电子装置控制单元（58 针 +6 针）电脑端子图如图 74-1 所示。

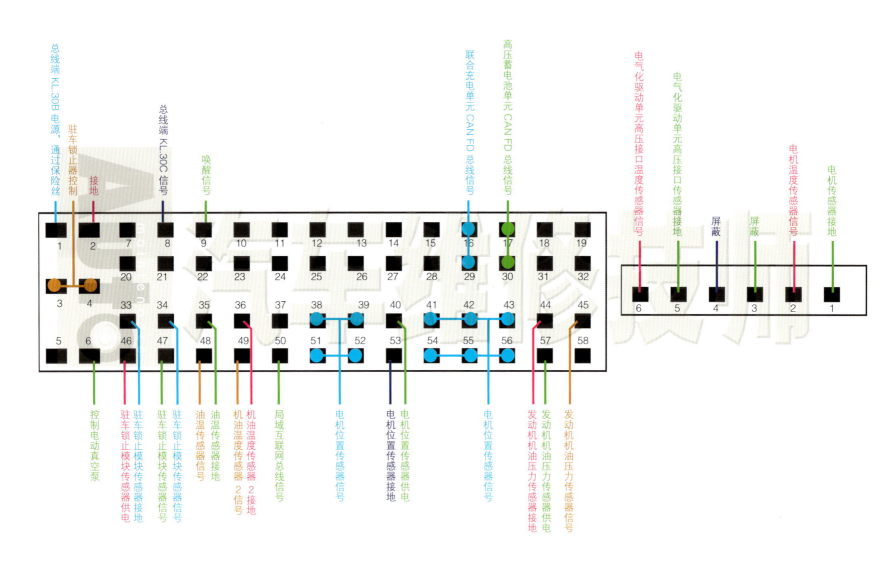

图 74-1

第 75 章　2016—2019 年华晨宝马 X1 系（F49）6 挡自动变速器（15 针）电脑端子图

2016—2019 年华晨宝马 X1 系（F49）6 挡自动变速器（15 针）电脑端子图如图 75-1 所示。

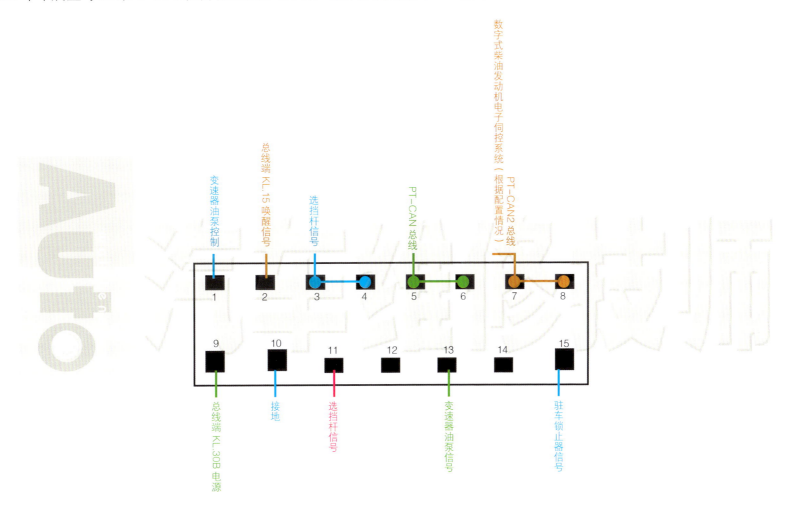

图 75-1

第 76 章　2020—2021 年华晨宝马 X1 系（F49）7 挡双离合器变速器（67 针 +54 针）电脑端子图

2020—2021 年华晨宝马 X1 系（F49）7 挡双离合器变速器（67 针 +54 针）电脑端子图如图 76-1 所示。

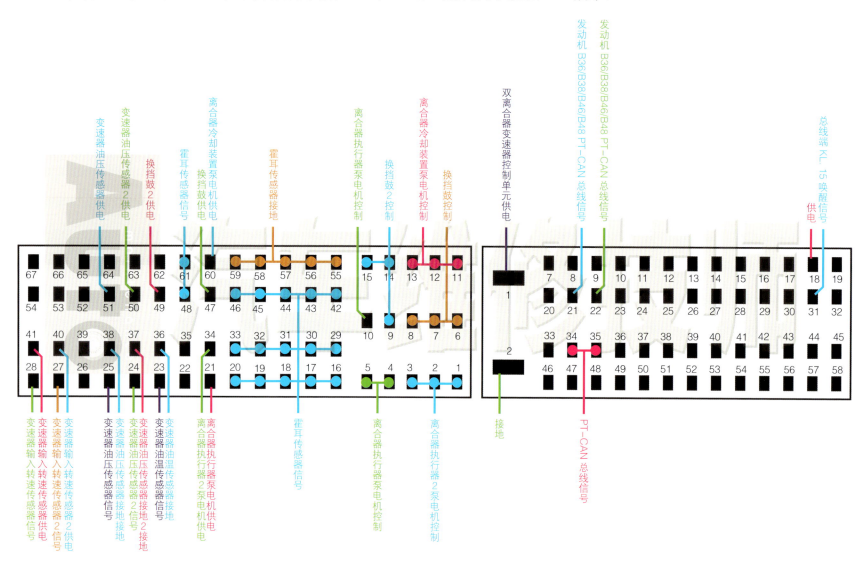

图 76-1

第 77 章　2017—2021 年华晨宝马 X1 新能源（F49）6 挡自动变速器（15 针）电脑端子图

2017—2021 年华晨宝马 X1 新能源（F49）6 挡自动变速器（15 针）电脑端子图如图 77-1 所示。

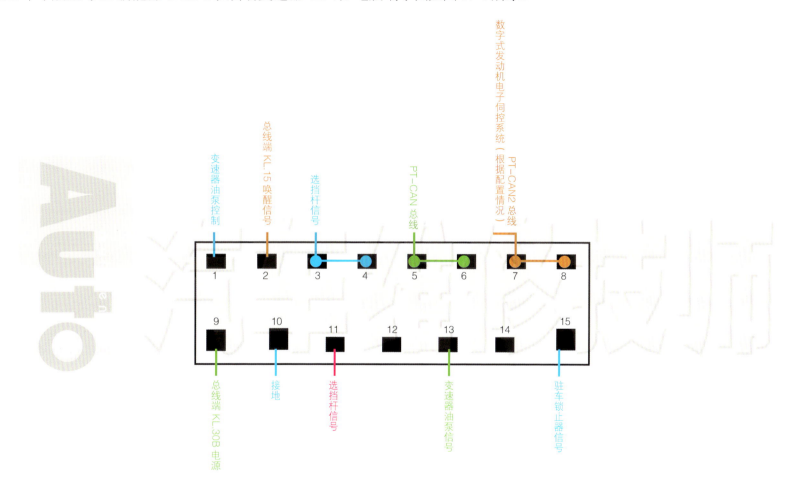

图 77-1

第 78 章　2021 年华晨宝马 X1 新能源（F49）7 挡双离合器变速器（67 针 +54 针）电脑端子图

2021 年华晨宝马 X1 新能源 (F49) 7 挡双离合器变速器 (67 针 +54 针) 电脑端子图如图 78-1 所示。

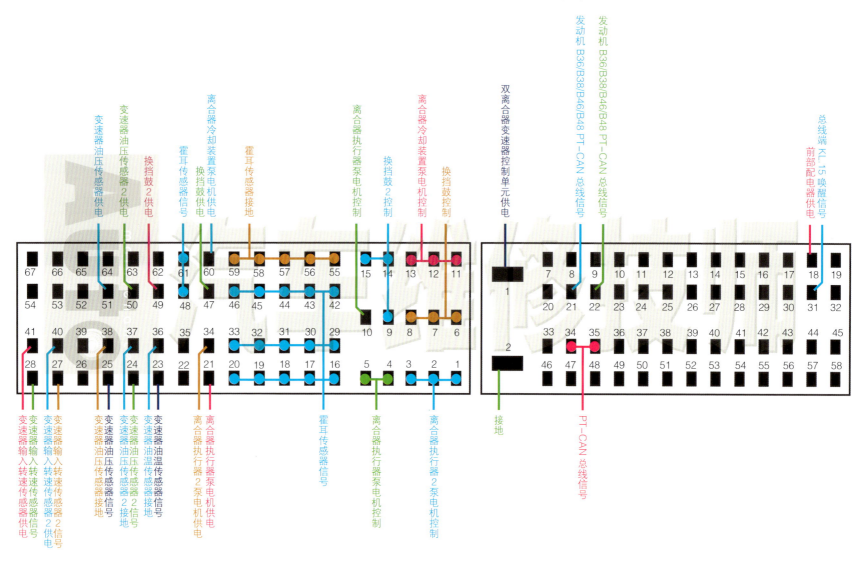

图 78-1

第 79 章　2017—2021 年华晨宝马 X1 新能源（F49）电机电子装置控制单元（58 针）电脑端子图

2017—2021 年华晨宝马 X1 新能源（F49）电机电子装置控制单元（58 针）电脑端子图如图 79-1 所示。

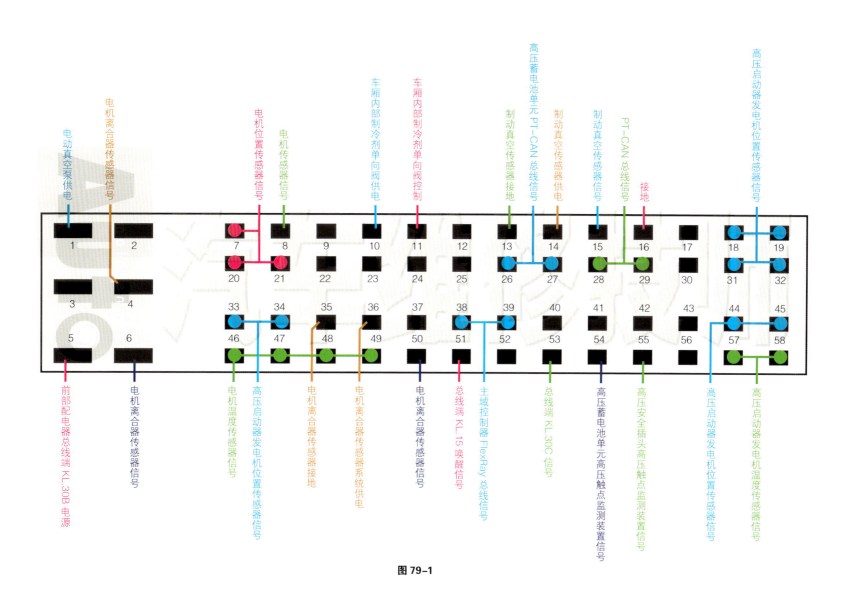

图 79-1

第 80 章　2020—2021 年华晨宝马 X2 系（F39）7 挡双离合器变速器（67 针 +54 针）电脑端子图

2020—2021 年华晨宝马 X2 系（F39）7 挡双离合器变速器（67 针 +54 针）电脑端子图如图 80-1 所示。

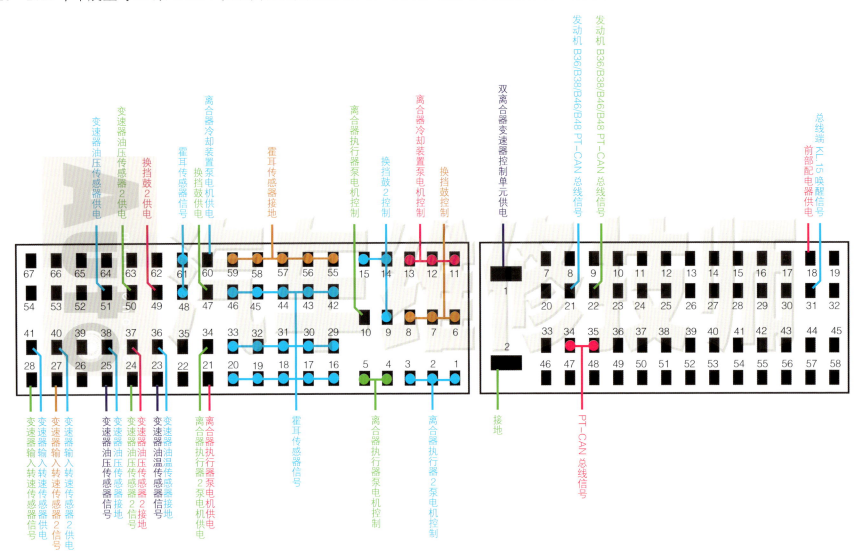

图 80-1

第 81 章　2018—2021 年华晨宝马 X3 系（G08）8 挡自动变速器（16 针）电脑端子图

2018—2021 年华晨宝马 X3 系（G08）8 挡自动变速器（16 针）电脑端子图如图 81-1 所示。

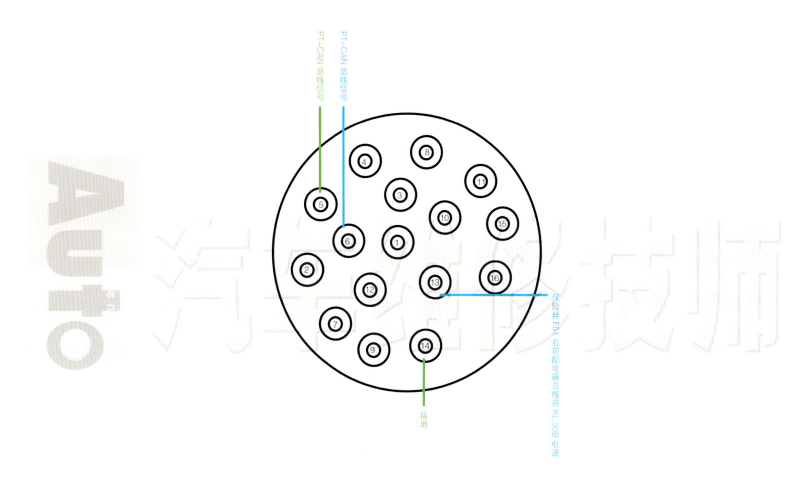

图 81-1

第 82 章　2019—2021 年宝马 X4 系（G02）8 挡自动变速器（16 针）电脑端子图

2019—2021 年宝马 X4 系（G02）8 挡自动变速器（16 针）电脑端子图如图 82-1 所示。

082

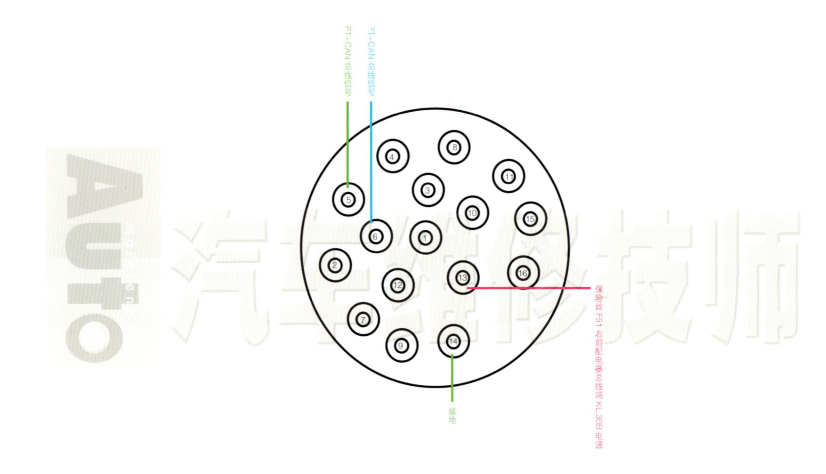

图 82-1

第 83 章　2018—2021 年宝马 X5 系（G05）8 挡自动变速器（16 针）电脑端子图

2018—2021 年宝马 X5 系（G05）8 挡自动变速器（16 针）电脑端子图如图 83-1 所示。

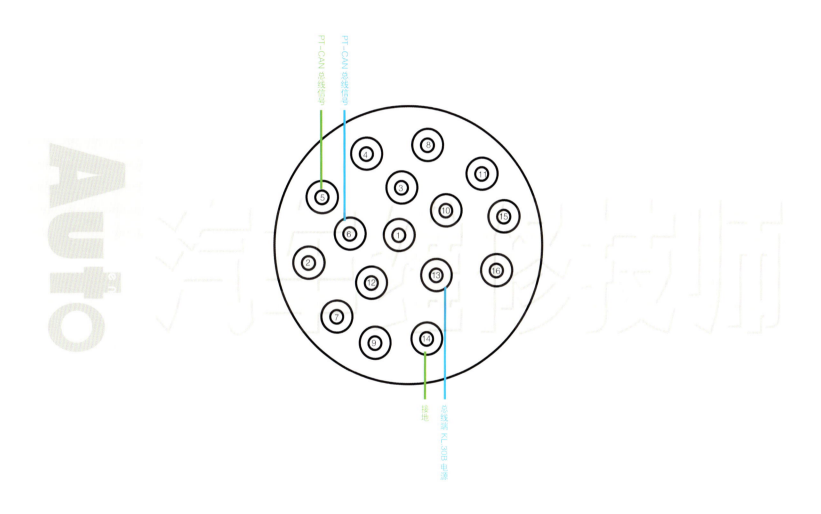

图 83-1

第 84 章　2019—2021 年宝马 X6 系（G06）8 挡自动变速器（16 针）电脑端子图

2019—2021 年宝马 X6 系（G06）8 挡自动变速器（16 针）电脑端子图如图 84-1 所示。

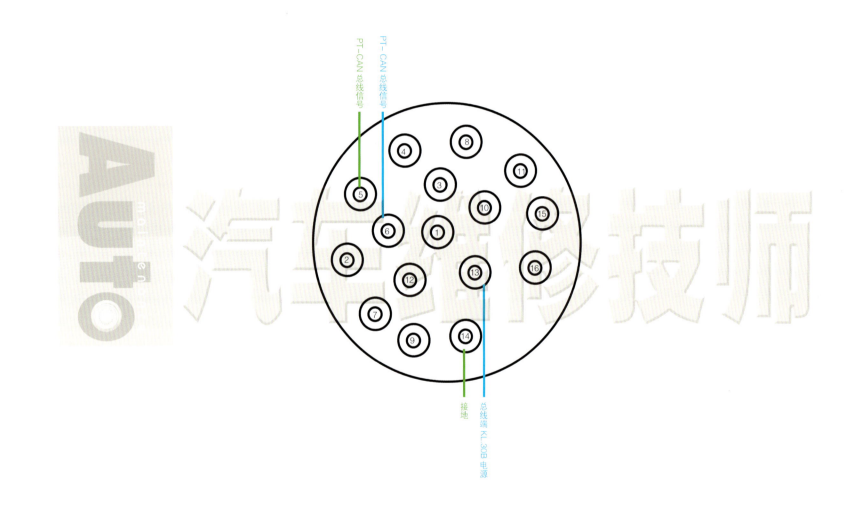

图 84-1

第 85 章　2019—2021 年宝马 X7 系（G07）8 挡自动变速器（16 针）电脑端子图

2019—2021 年宝马 X7 系（G07）8 挡自动变速器（16 针）电脑端子图如图 85-1 所示。

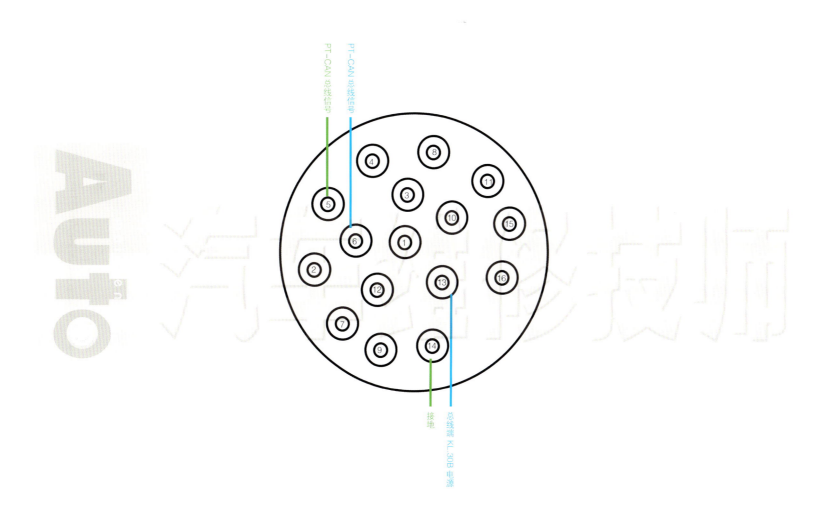

图 85-1

第 86 章　2020 年 1 月前特斯拉 Model 3/Model Y 驱动电机控制单元（30 针）电脑端子图

（1）后驱动电机 X090 控制单元（主控制）（30 针）电脑端子图如图 86-1 所示。

（2）前驱动电机 X093 控制单元（副控制）（30 针）电脑端子图如图 86-2 所示。

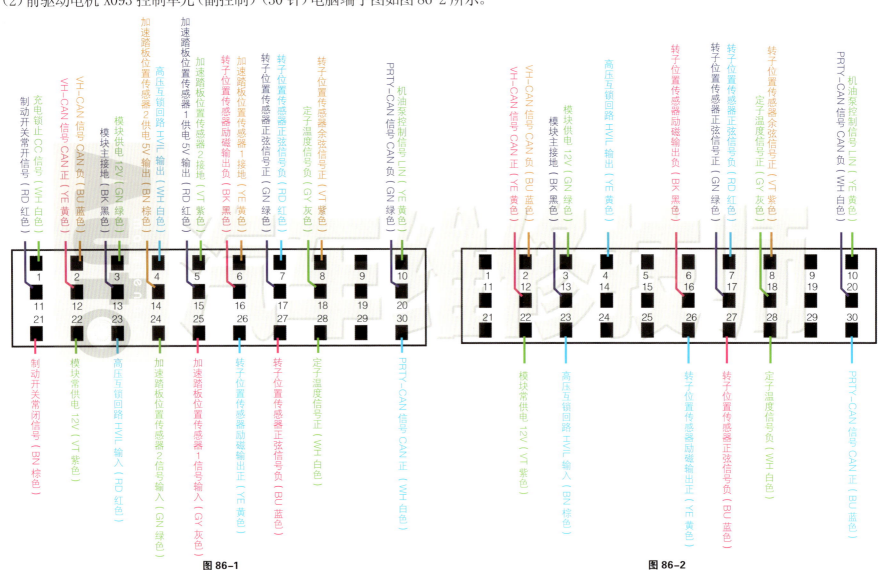

图 86-1　　　　　　　　　　　　　　　　　　图 86-2

第 87 章　2020 年 2 月起特斯拉 Model 3/Model Y 驱动电机控制单元（30 针）电脑端子图

（1）后驱动电机 X090 控制单元（主控制）（30 针）电脑端子图如图 87-1 所示。

（2）前驱动电机 X093 控制单元（副控制）（30 针）电脑端子图如图 87-2 所示。

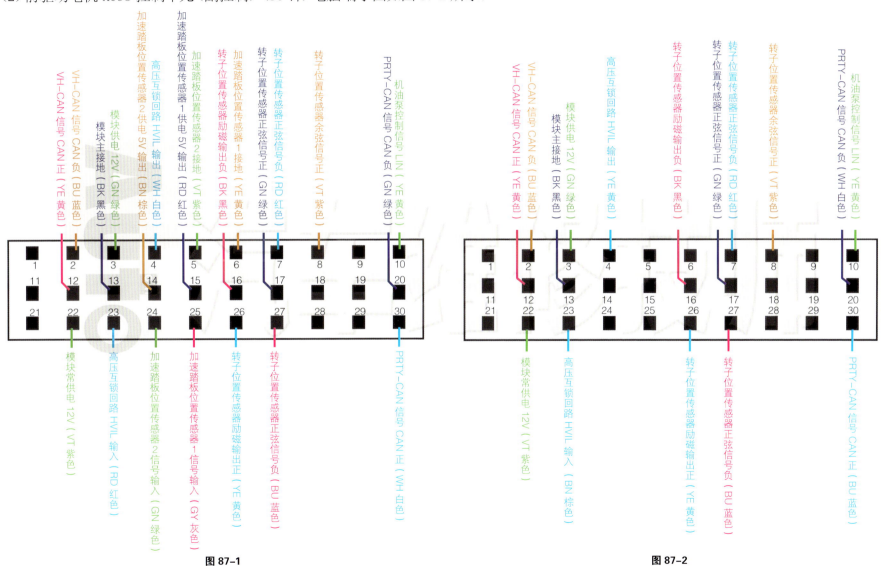

图 87-1　　　　　　　　　　　　　　　　　　　　　　**图 87-2**

第 88 章 2018 年 8 月 21 日起特斯拉 Model S 驱动电机控制单元电脑端子图

(1) 2018 年 8 月 21 日起特斯拉 Model S 后驱动电机 X251 控制单元小电机配置（主控制）（20 针）电脑端子图如图 88-1 所示。

(2) 2018 年 8 月 21 日起特斯拉 Model S 后驱动电机 X250 控制单元大电机配置（主控制）（23 针）电脑端子图如图 88-2 所示。

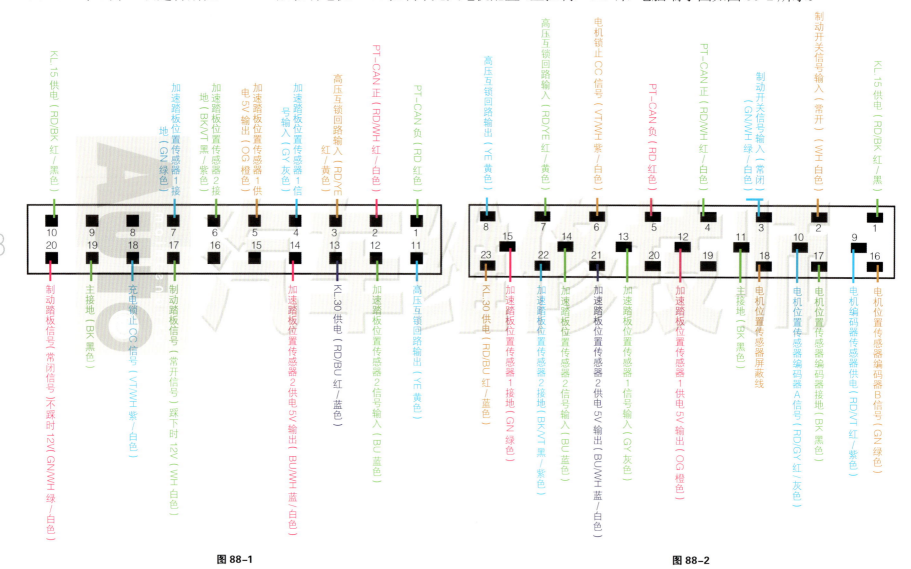

图 88-1

图 88-2

088

（3）2018 年 8 月 21 日起特斯拉 Model S 前驱动电机 X255 控制单元普通版本（20 针）电脑端子图如图 88-3 所示。

（4）2018 年 8 月 21 日起特斯拉 Model S 前驱动电机 X325 控制单元高性能版本（副控制）（30 针）电脑端子图如图 88-4 所示。

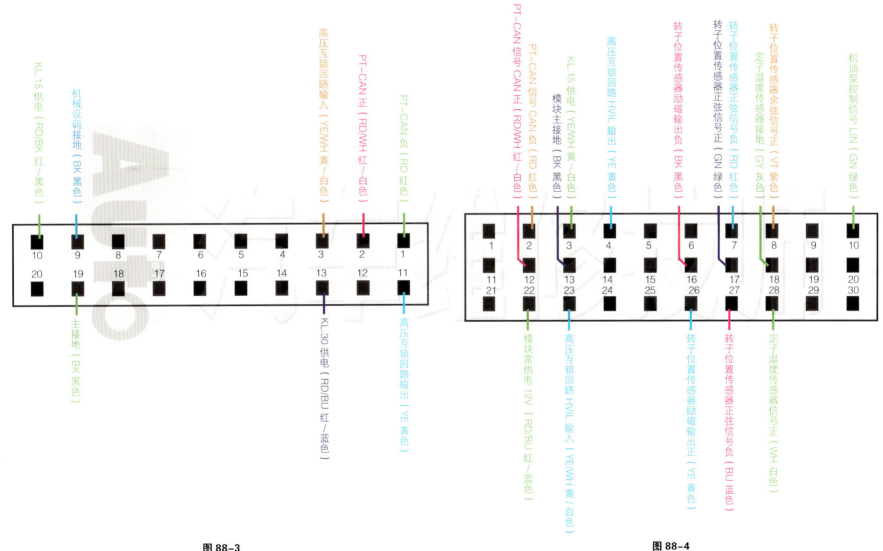

图 88-3

图 88-4

第 89 章　2017 年 8 月 21 日起特斯拉 Model X 驱动电机控制单元电脑端子图

（1）2017 年 8 月 21 日起特斯拉 Model X 后驱动电机 X110 控制单元大电机配置（主控制）（23 针）电脑端子图如图 89-1 所示。
（2）2017 年 8 月 21 日起特斯拉 Model X 后驱动电机 X111 控制单元小电机配置（主控制）（20 针）电脑端子图如图 89-2 所示。

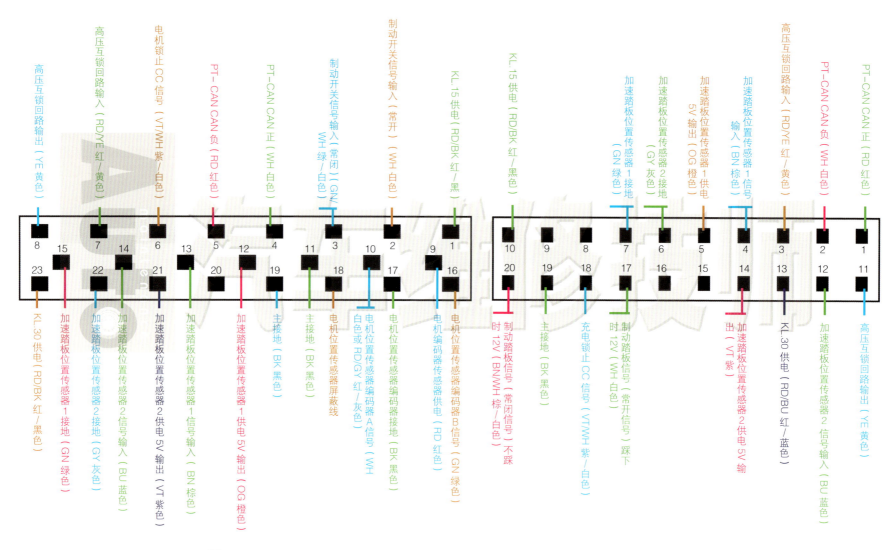

图 89-1　　　　　　　　　　　　　图 89-2

（3）2017 年 8 月 21 日起特斯拉 Model X 前驱动电机 X325 控制单元（副控制）（30 针）电脑端子图如图 89-3 所示。

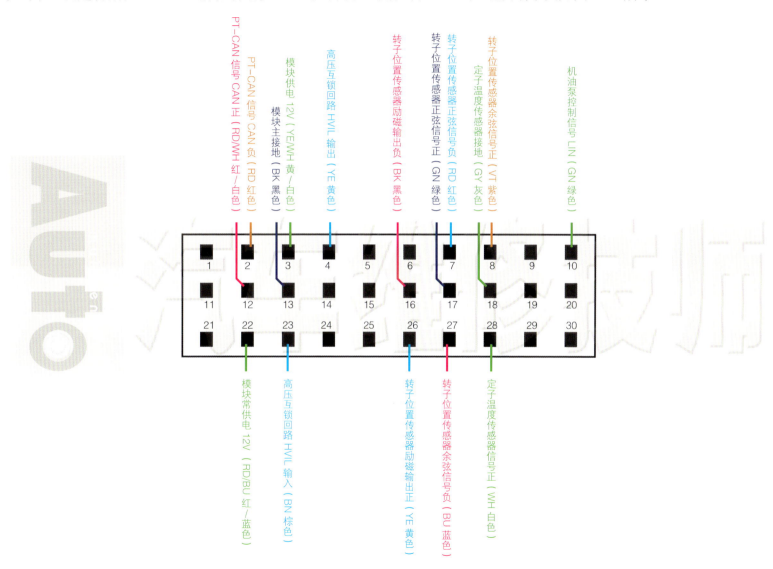

图 89-3

091

第 90 章　2018—2021 年蔚来 ES8 驱动电机逆变器电脑端子图

（1）前驱电机逆变器（35 针）电脑端子图如图 90-1 所示。

（2）后驱电机逆变器（35 针）电脑端子图如图 90-2 所示。

092

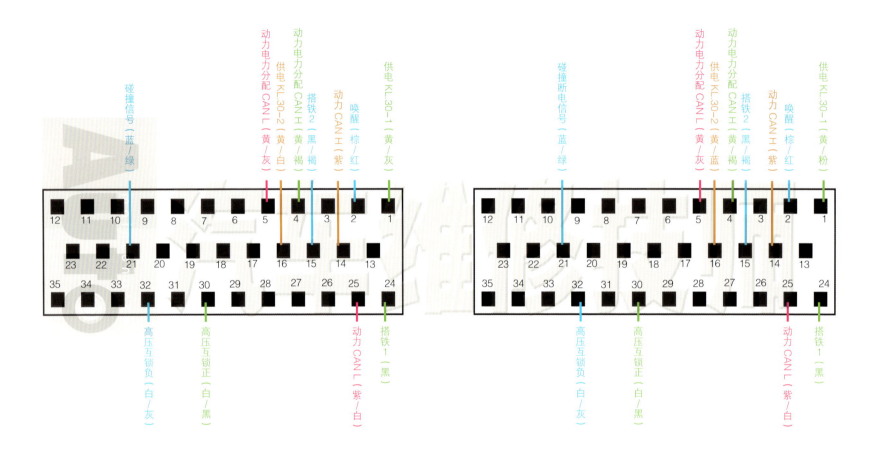

图 90-1　　　　　　　　　　　　　　　　　　　　图 90-2

第91章　2020—2021年北京现代ix25 1.5L G4FL发动机CVT车型PCM(105针+93针)电脑端子图

2020—2021年北京现代ix25 1.5L G4FL发动机CVT车型PCM（105针+93针）电脑端子图如图91-1所示。

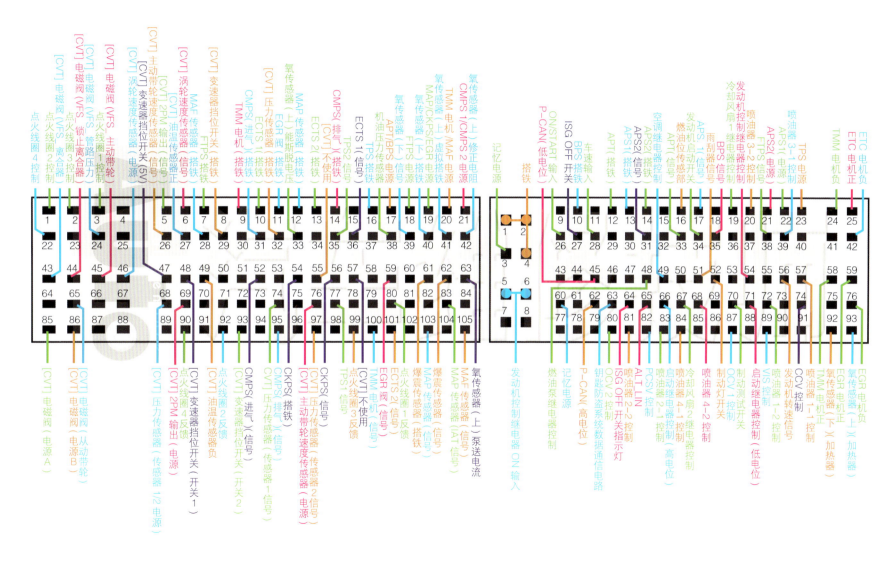

图 91-1

第 92 章　2019 年北京现代 ix25 1.6L G4FG 发动机 AT 车型 PCM（60 针 +94 针）电脑端子图

2019 年北京现代 ix25 1.6L G4FG 发动机 AT 车型 PCM（60 针 +94 针）电脑端子图如图 92-1 所示。

094

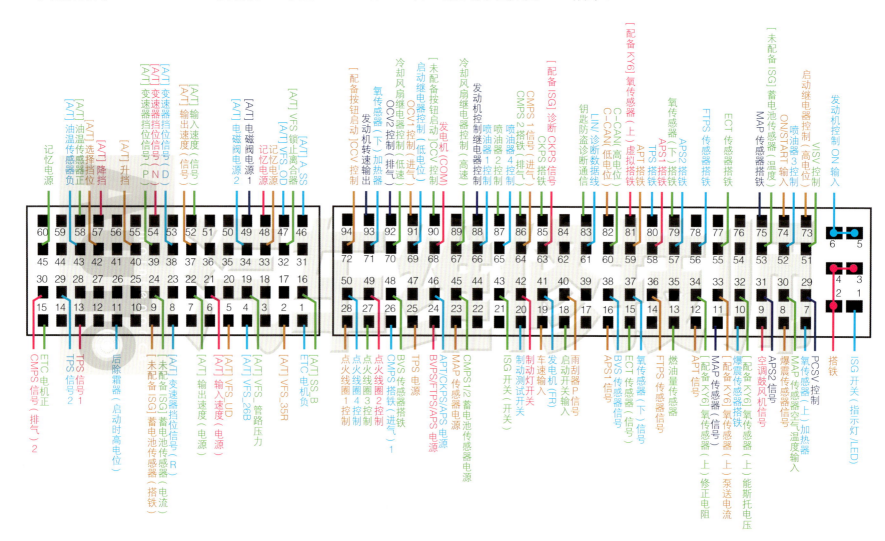

图 92-1

第93章 2017 年北京现代 ix35 2.0L NU G4NA 发动机 AT 车型 PCM（105 针 +91 针）电脑端子图

2017 年北京现代 ix35 2.0L NU G4NA 发动机 AT 车型 PCM（105 针 +91 针）电脑端子图如图 93-1 所示。

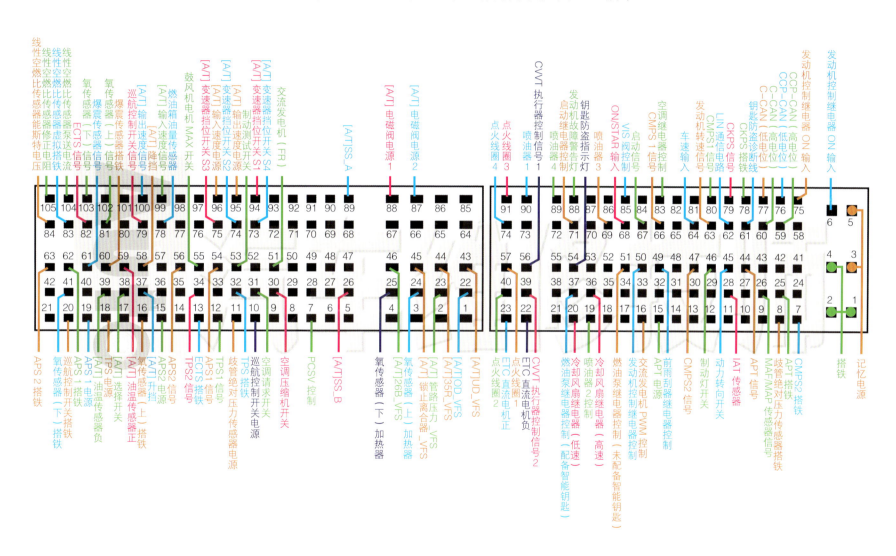

图 93-1

095

第 94 章　2017 年北京现代 ix35 2.4L G4KD/G4KE 发动机 AT 车型 PCM（60 针 +94 针）电脑端子图

2017 年北京现代 ix35 2.4L THETA II G4KD/G4KE 发动机 AT 车型 PCM（60 针 +94 针）电脑端子图如图 94-1 所示。

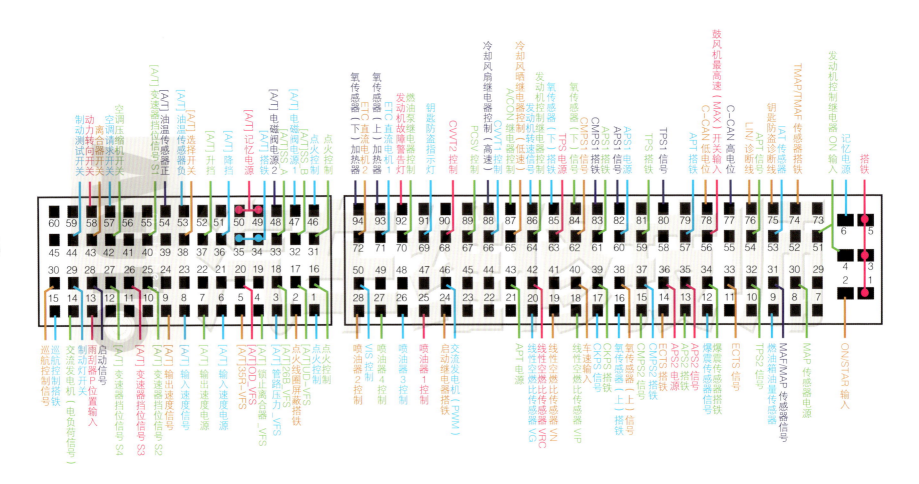

图 94-1

第 95 章　2017 年北京现代朗动 1.6L G4FG 发动机 AT 车型 PCM（105 针 +91 针）电脑端子图

2017 年北京现代朗动 1.6L G4FG 发动机 AT 车型 PCM（105 针 +91 针）电脑端子图如图 95-1 所示。

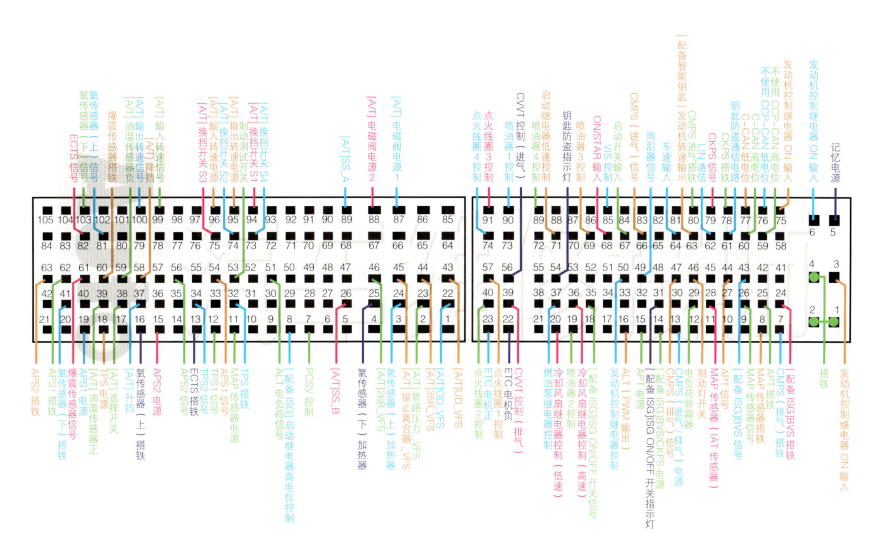

图 95-1

第 96 章　2017 年北京现代朗动 1.8L G4NB 发动机 AT 车型 PCM（105 针 +91 针）电脑端子图

2017 年北京现代朗动 1.8L　G4NB 发动机 AT 车型 PCM（105 针 +91 针）电脑端子图如图 96-1 所示。

098

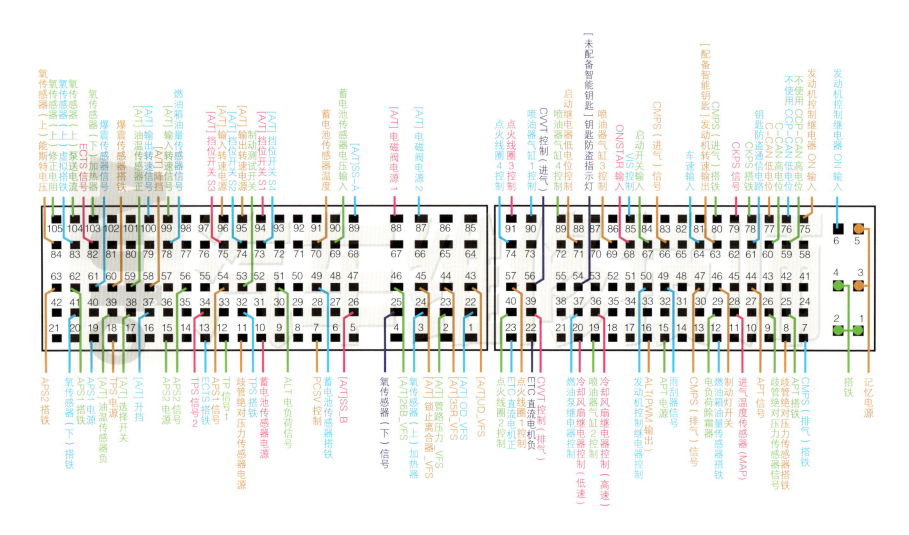

图 96-1

第97章 2019—2020年北京现代领动1.5L G4FL发动机CVT车型PCM(105针+93针)电脑端子图

2019—2020年北京现代领动1.5L G4FL发动机CVT车型PCM（105针+93针）电脑端子图如图97-1所示。

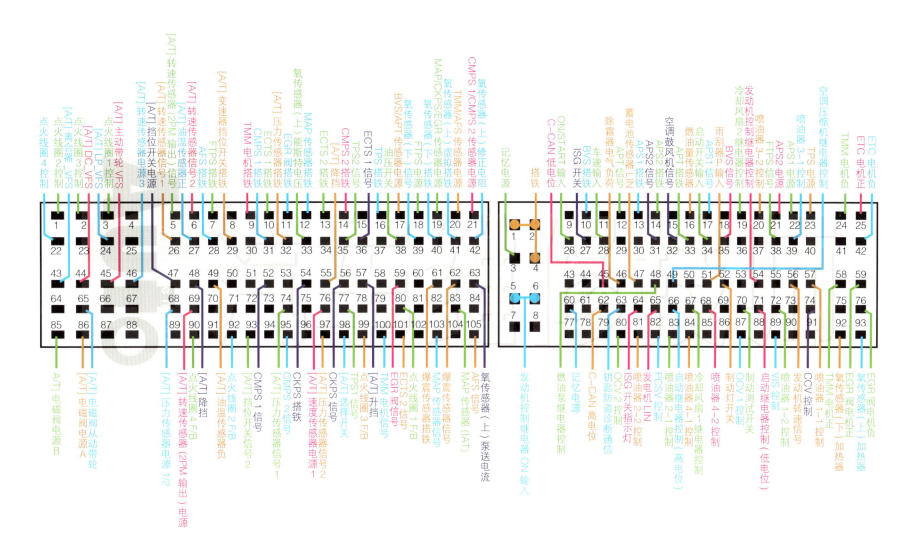

图 97-1

第98章　2018年北京现代名图 1.8L G4NB 发动机 AT 车型 PCM（105 针 +91 针）电脑端子图

2018 年北京现代名图 1.8L G4NB 发动机 AT 车型 PCM（105 针 +91 针）电脑端子图如图 98-1 所示。

图 98-1

100

第 99 章　2018 年北京现代名图 2.0L G4NA 发动机 AT 车型 PCM（105 针 +91 针）电脑端子图

2018 年北京现代名图 2.0L G4NA 发动机 AT 车型 PCM（105 针 +91 针）电脑端子图如图 99-1 所示。

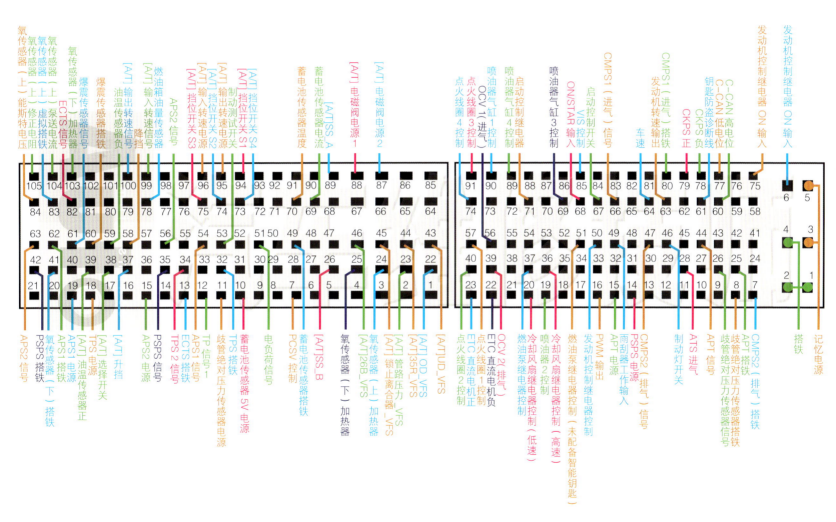

图 99-1

第 100 章　2017 年北京现代全新瑞纳 1.4L G4LC 发动机 AT 车型 PCM（60 针 +94 针）电脑端子图

2017 年北京现代全新瑞纳 1.4L G4LC 发动机 AT 车型 PCM（60 针 +94 针）电脑端子图如图 100-1 所示。

102

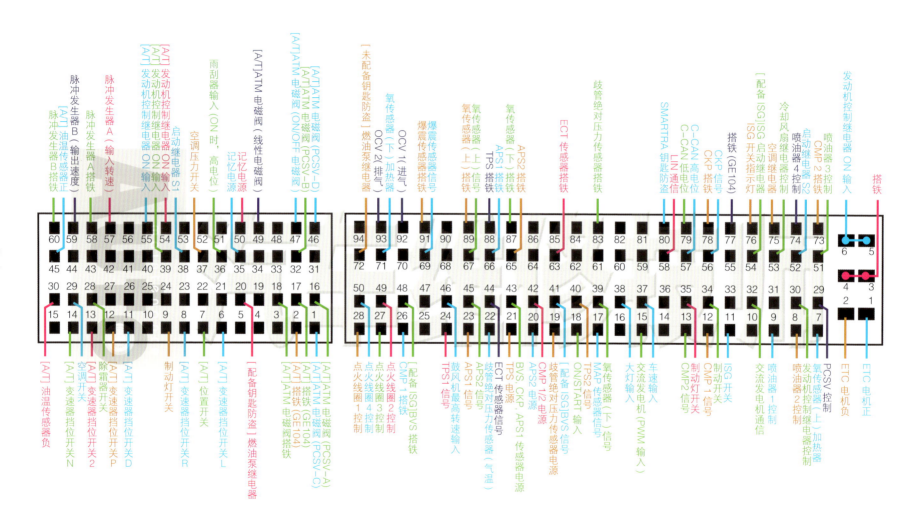

图 100-1

第 101 章　2018 年北京现代全新悦动 1.6L G4FG 发动机 AT 车型 PCM（60 针 +94 针）电脑端子图

2018 年北京现代全新悦动 1.6L G4FG 发动机 AT 车型 PCM（60 针 +94 针）电脑端子图如图 101-1 所示。

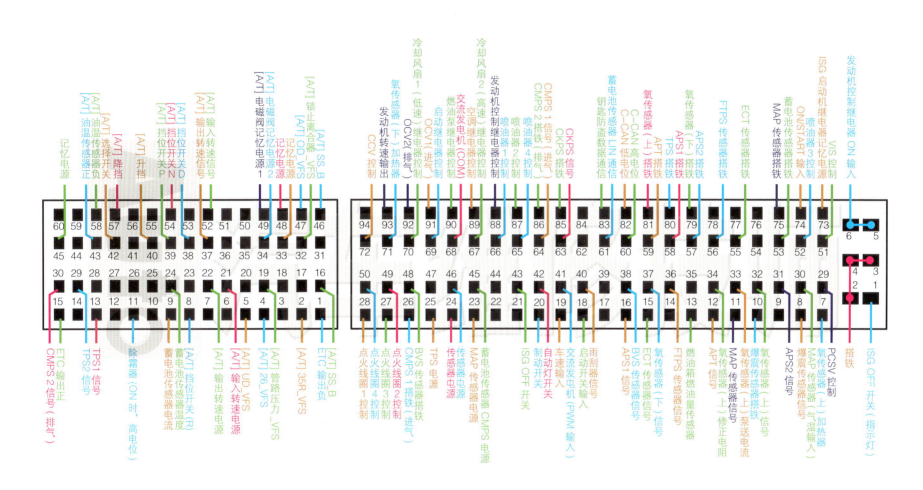

图 101-1

第 102 章　2017—2019 年北京现代胜达 2.0T GDI G4KH 发动机 AT 车型 PCM（105 针 +91 针）电脑端子图

2017—2019 年北京现代胜达 2.0T GDI G4KH 发动机 AT 车型 PCM（105 针 +91 针）电脑端子图如图 102-1 所示。

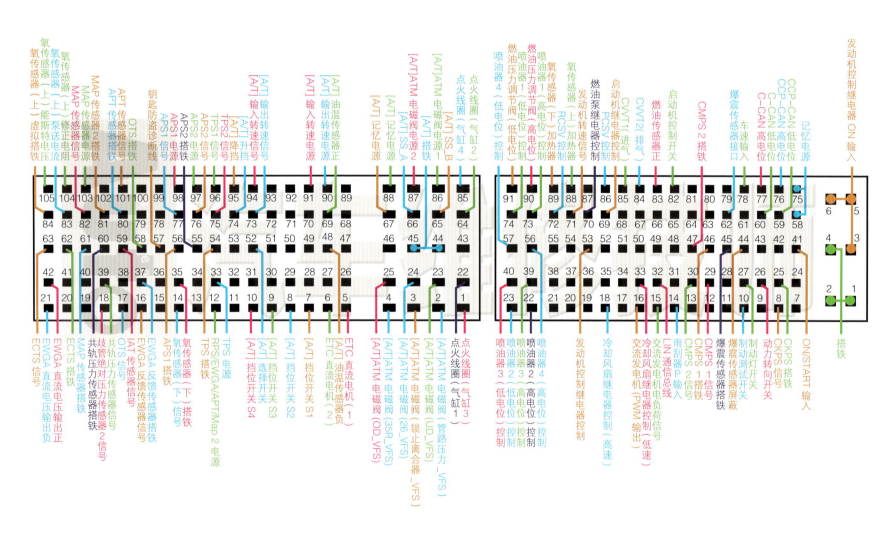

图 102-1

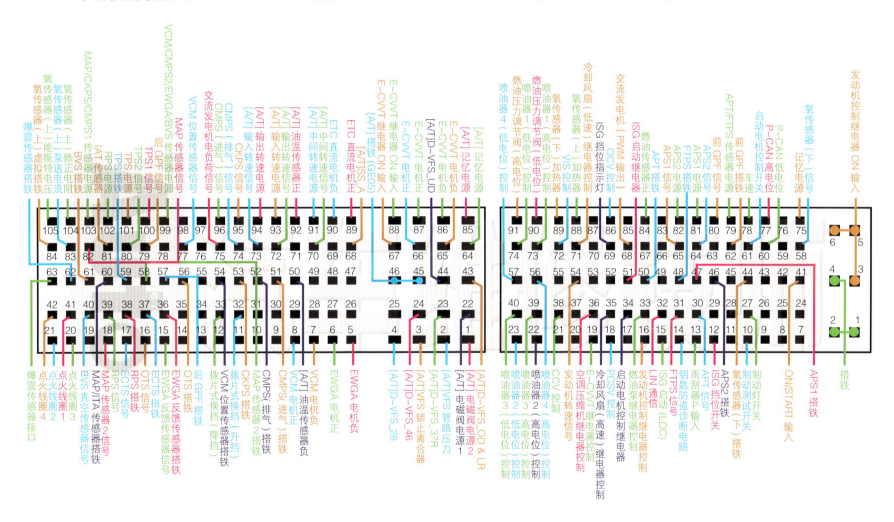

第103章 2020—2021年北京现代新胜达 2.0T GDI G4KH 发动机 AT 车型 PCM（105 针 +91 针）电脑端子图

2020—2021年北京现代新胜达 2.0T GDI G4KH 发动机 AT 车型 PCM（105 针 +91 针）电脑端子图如图 103-1 所示。

图 103-1

第 104 章　2017 年北京现代胜达 2.4L G4KJ 发动机 AT 车型 PCM（105 针 +91 针）电脑端子图

2017 年北京现代胜达 2.4L G4KJ 发动机 AT 车型 PCM（105 针 +91 针）电脑端子图如图 104-1 所示。

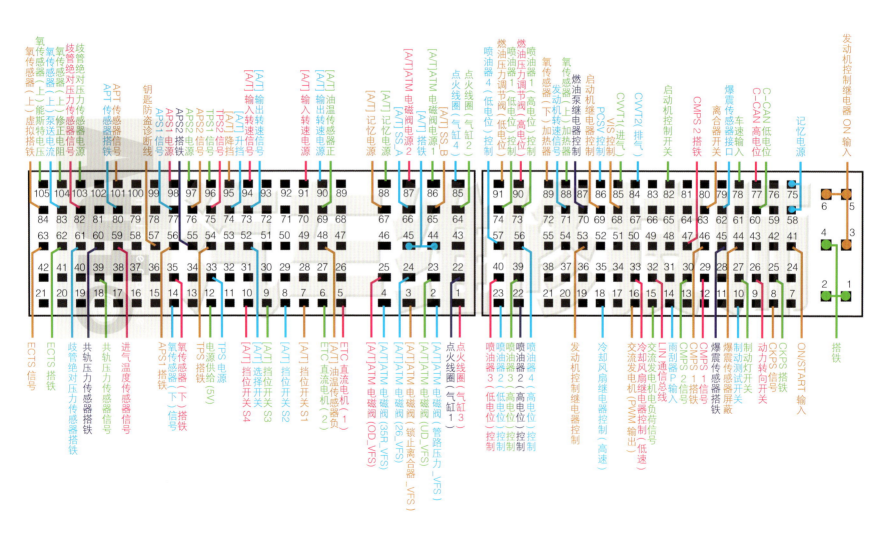

图 104-1

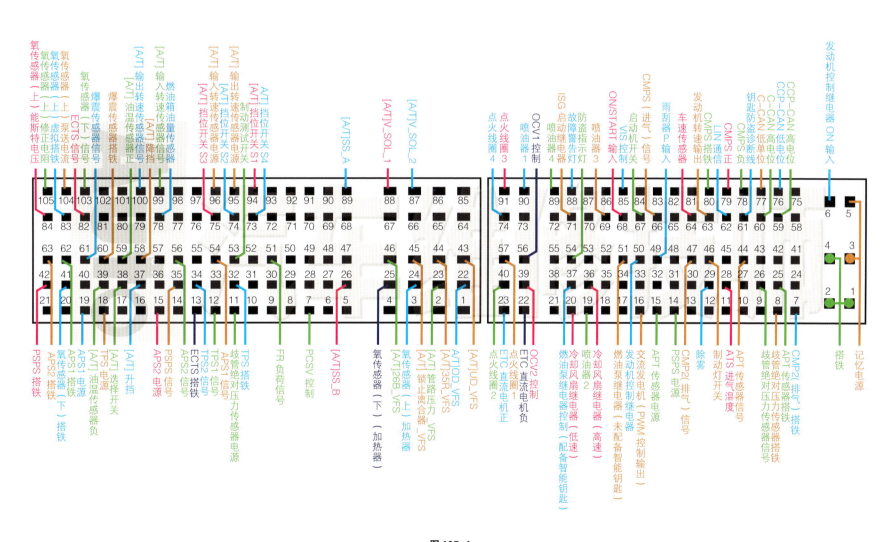

第105章 2016—2017年北京现代索纳塔2.0L G4NA发动机AT车型PCM(105针 +91针)电脑端子图

2016—2017年北京现代索纳塔2.0L G4NA发动机AT车型PCM（105针+91针）电脑端子图如图105-1所示。

图105-1

第106章 2019年北京现代索纳塔2.0T GDI G4KH发动机AT车型PCM（105针+91针）电脑端子图

2019年北京现代索纳塔2.0T GDI G4KH发动机AT车型PCM（105针+91针）电脑端子图如图106-1所示。

108

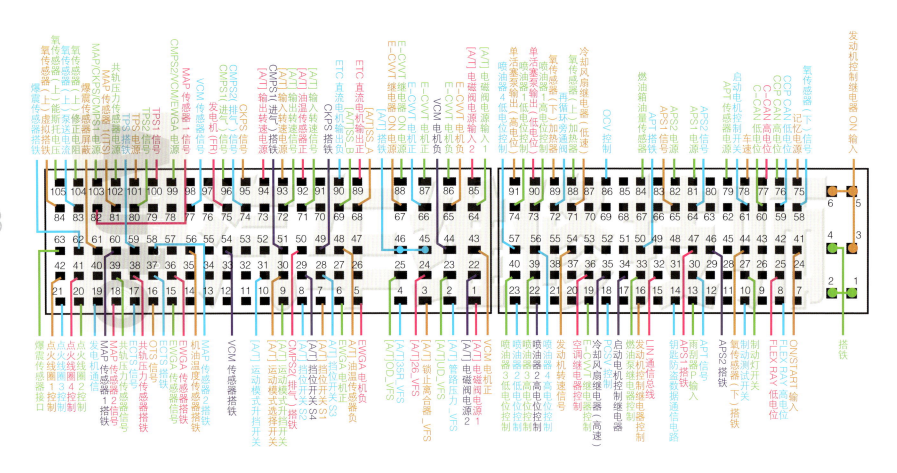

图106-1

第107章 2020—2021年北京现代索纳塔2.0T GDI G4NN发动机AT车型PCM（120针）电脑端子图

2020—2021年北京现代索纳塔2.0T GDI G4NN发动机AT车型PCM（120针）电脑端子图如图107-1所示。

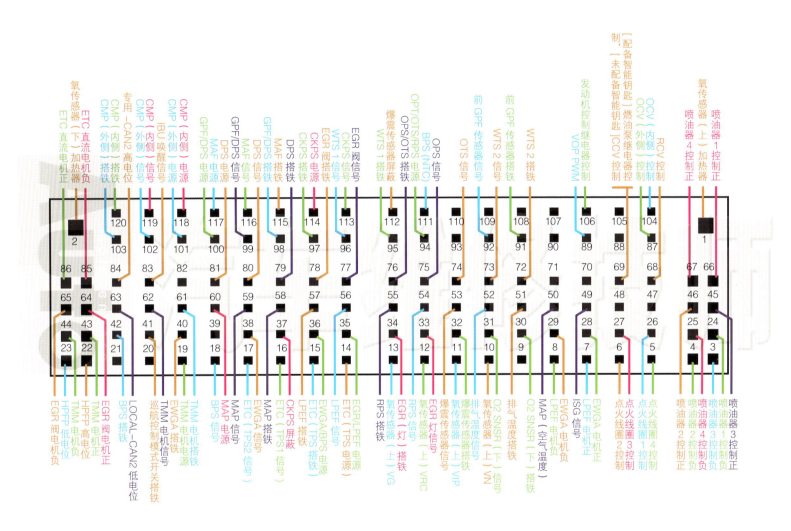

109

图 107-1

第 108 章 2016 年北京现代索纳塔 2.4L G4KE 发动机 AT 车型 PCM（60 针 +94 针）电脑端子图

2016 年北京现代索纳塔 2.4L G4KE 发动机 AT 车型 PCM（60 针 +94 针）电脑端子图如图 108-1 所示。

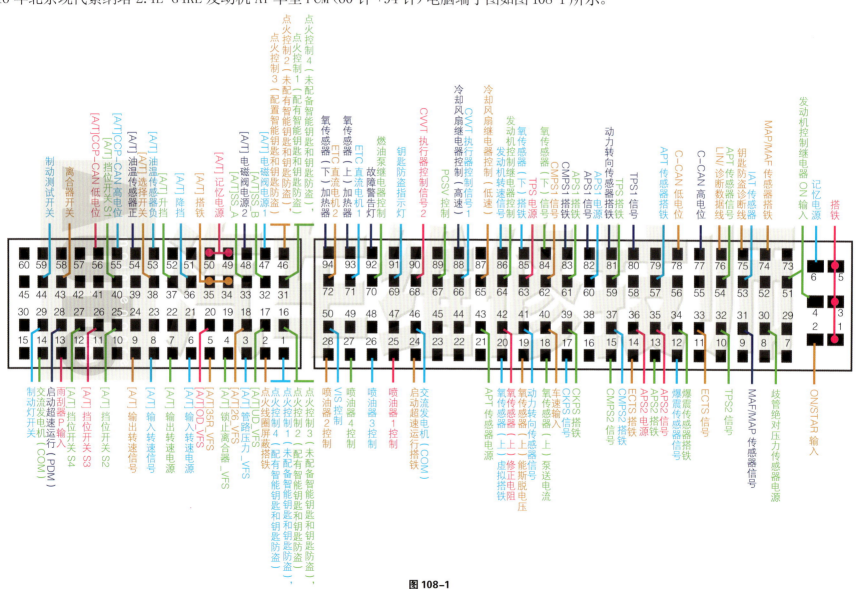

图 108-1

第109章　2017年北京现代索纳塔混合动力2.0L G4NG发动机AT车型PCM(105针+91针)电脑端子图

2017年北京现代索纳塔混合动力2.0L G4NG发动机AT车型PCM（105针+91针）电脑端子图如图109-1所示。

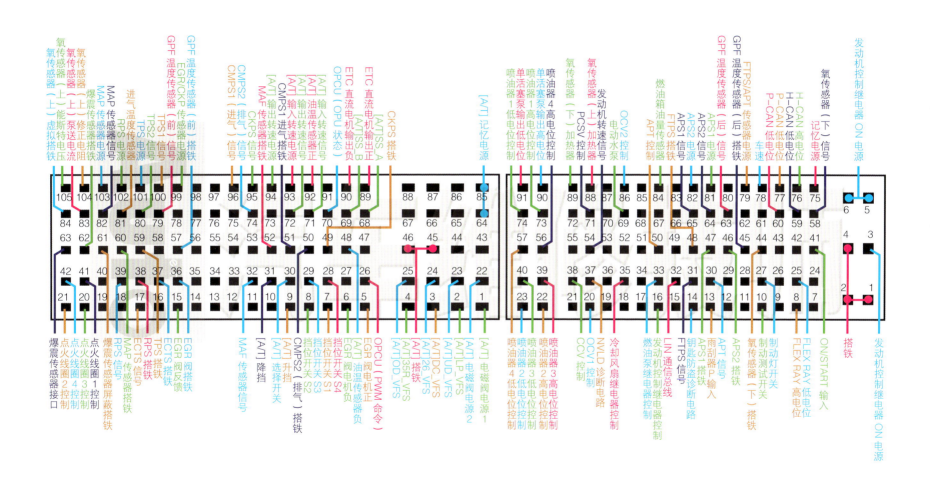

图109-1

第 110 章 2018 年北京现代索纳塔 PHEV 2.0L G4NG 发动机 AT 车型 PCM（105 针 +91 针）电脑端子图

2018 年北京现代索纳塔 PHEV 2.0L G4NG 发动机 AT 车型 PCM（105 针 +91 针）电脑端子图如图 110-1 所示。

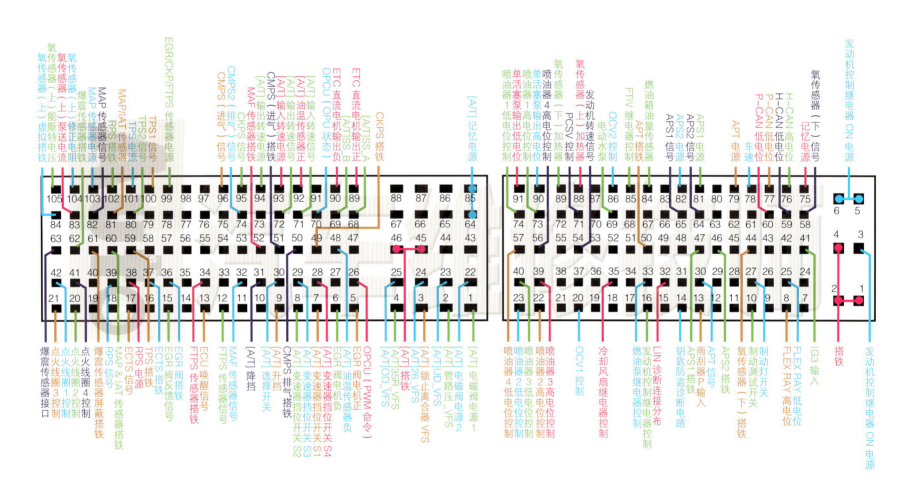

图 110-1

第 111 章　2020 年北京现代伊兰特 1.5L G4FL 发动机 CVT 车型 PCM（105 针 +93 针）电脑端子图

2020 年北京现代伊兰特 1.5L G4FL 发动机 CVT 车型 PCM（105 针 +93 针）电脑端子图如图 111-1 所示。

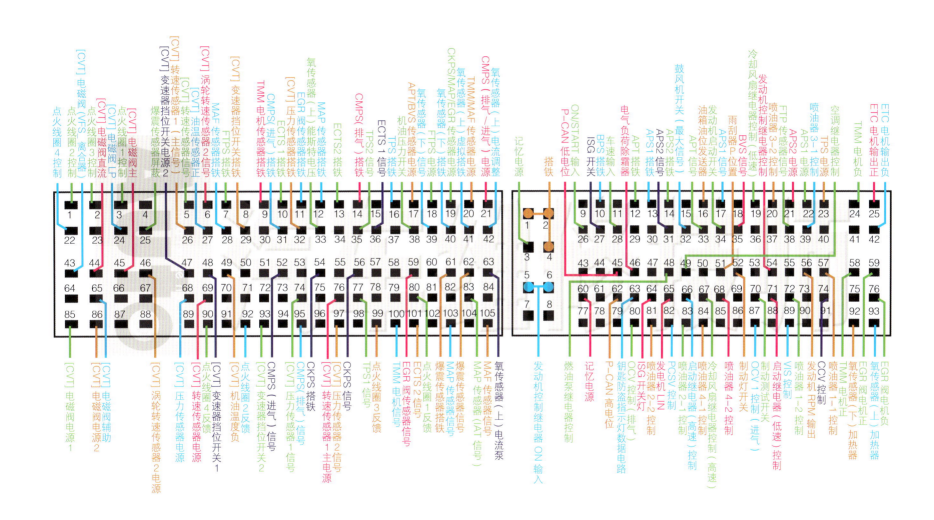

图 111-1

第 112 章　2020 年北京现代悦纳 1.4L G4LC 发动机 CVT 车型 PCM（60 针 +94 针）电脑端子图

2020 年北京现代悦纳 1.4L G4LC 发动机 CVT 车型 PCM（60 针 +94 针）电脑端子图如图 112-1 所示。

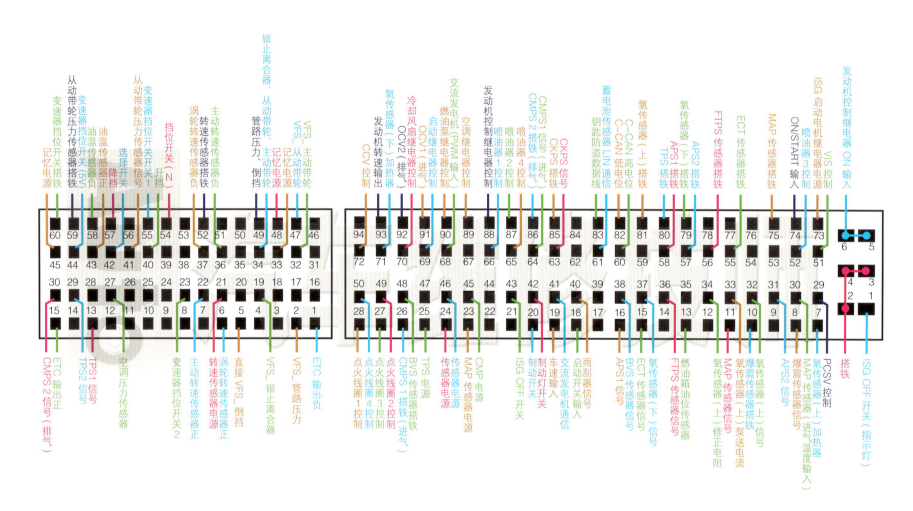

图 112-1

114

第 113 章　2017 年东风悦达起亚 K2 A6GF1 6 挡自动变速器（60 针）电脑端子图

2017 年东风悦达起亚 K2 A6GF1 6 挡自动变速器（60 针）电脑端子图如图 113-1 所示。

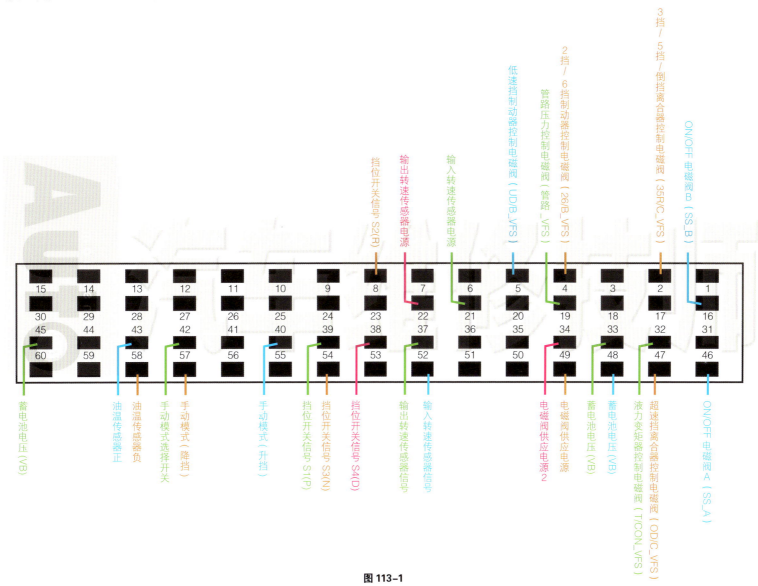

图 113-1

第 114 章　2017 年东风悦达起亚 K4 D7UF1 7 挡双离合器变速器（32 针 +68 针）电脑端子图

2017 年东风悦达起亚 K4 D7UF1 7 挡双离合器变速器（32 针 +68 针）电脑端子图如图 114-1 所示。

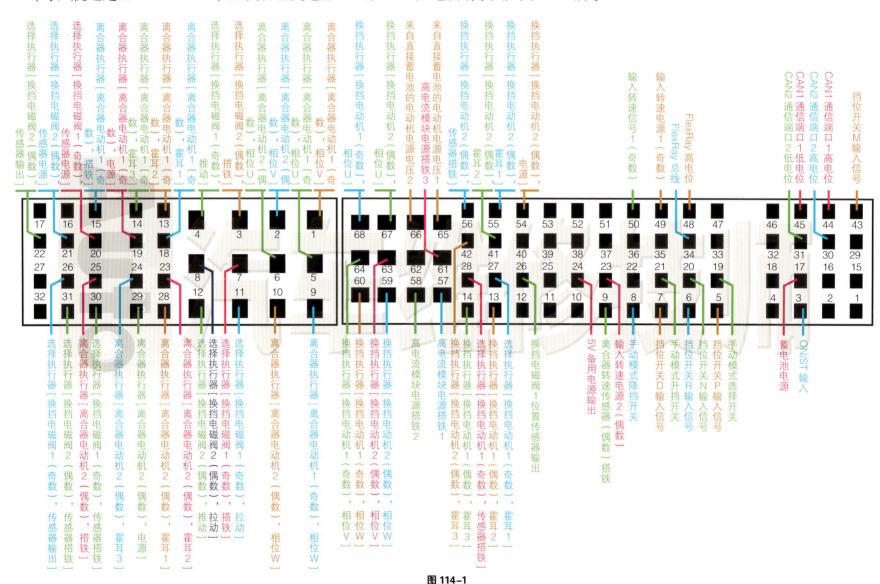

图 114-1

第 115 章　2018 年东风悦达起亚 K5 HEV 电机控制器 MCU（94 针）电脑端子图

2018 年东风悦达起亚 K5 HEV 电机控制器 MCU（94 针）电脑端子图如图 115-1 所示。

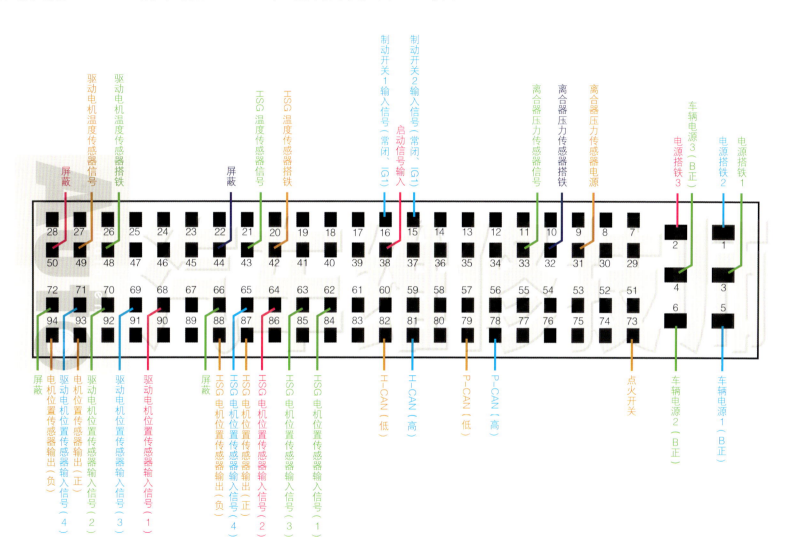

图 115-1

第 116 章　通用 6T30/6T35 6 挡自动变速器（14 针）电脑端子图

通用 6T30/6T35 6 挡自动变速器（14 针）电脑端子图如图 116-1 所示。

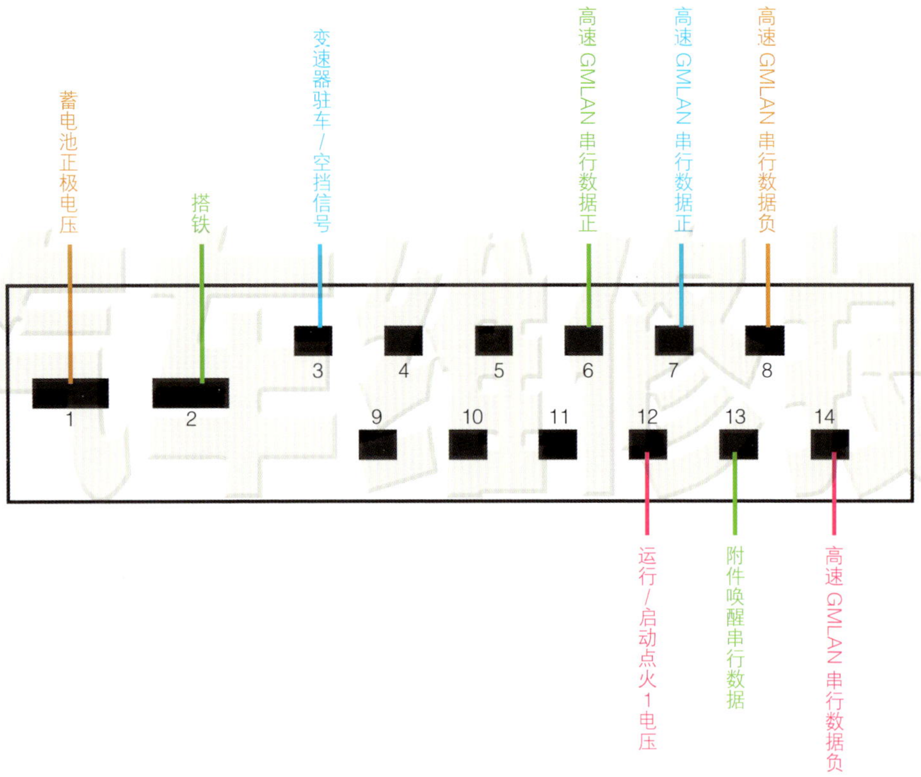

图 116-1

第 117 章　通用 6T45 6 挡自动变速器（49 针）电脑端子图

通用 6T45 6 挡自动变速器（49 针）电脑端子图如图 117-1 所示。

119

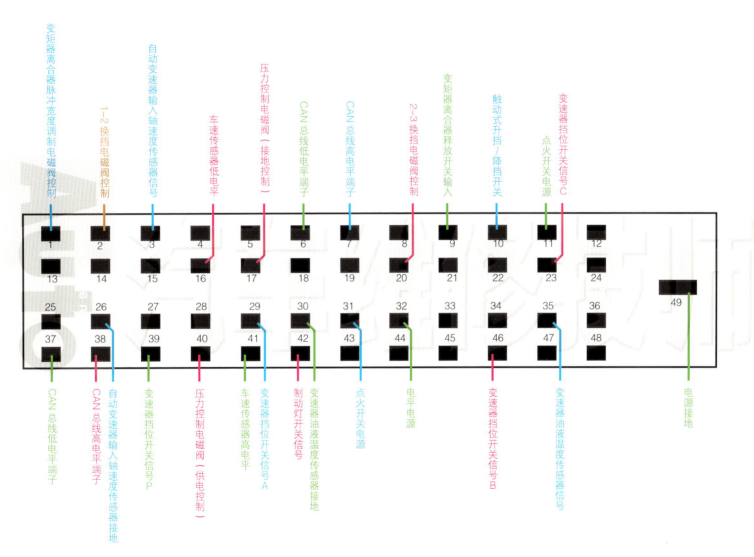

变矩器离合器脉冲宽度调制电磁阀控制
1-2 换挡电磁阀控制
自动变速器输入轴速度传感器信号
车速传感器低电平
压力控制电磁阀（接地控制）
CAN 总线低电平端子
CAN 总线高电平端子
2-3 换挡电磁阀控制
变矩器离合器释放开关输入
触动式升挡／降挡开关
变速器挡位开关信号 C
点火开关电源

CAN 总线低电平端子
CAN 总线高电平端子
自动变速器输入轴速度传感器接地
变速器挡位开关信号 P
压力控制电磁阀（供电控制）
车速传感器高电平
变速器挡位开关信号 A
制动灯开关信号
变速器油液温度传感器接地
点火开关电源
电平电源
变速器挡位开关信号 B
变速器油液温度传感器信号
电源接地

图 117-1

第 118 章　2018 年上汽通用阅朗 6DCT150 6 挡湿式双离合器变速器（58 针）电脑端子图

2018 年上汽通用阅朗 6DCT150 6 挡湿式双离合器变速器（58 针）电脑端子图如图 118-1 所示。

120

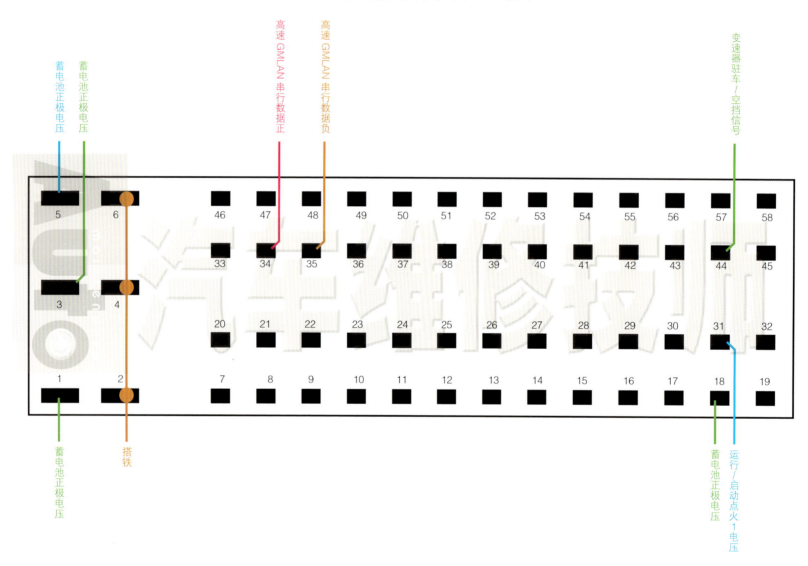

图 118-1

第 119 章 2018 年上汽通用威朗 7T35 7 挡双离合器变速器（18 针 +28 针 +18 针）电脑端子图

2018 年上汽通用威朗 7T35 7 挡双离合器变速器（18 针 +28 针 +18 针）电脑端子图如图 119-1 所示。

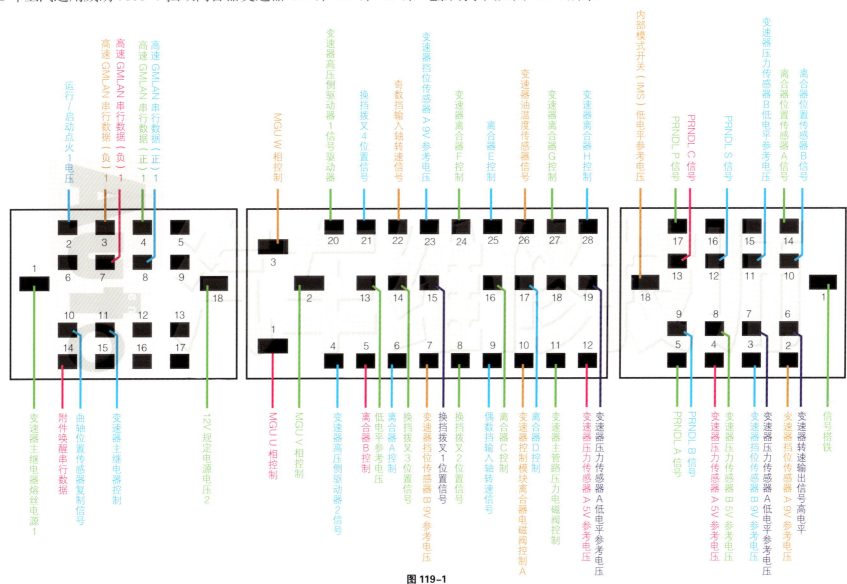

图 119-1

121

第 120 章　2018 年雪佛兰科迈罗 8L45/8L90/10R90 自动变速器（66 针）电脑端子图

2018 年雪佛兰科迈罗 8L45/8L90/10R90 自动变速器（66 针）电脑端子图如图 120-1 所示。

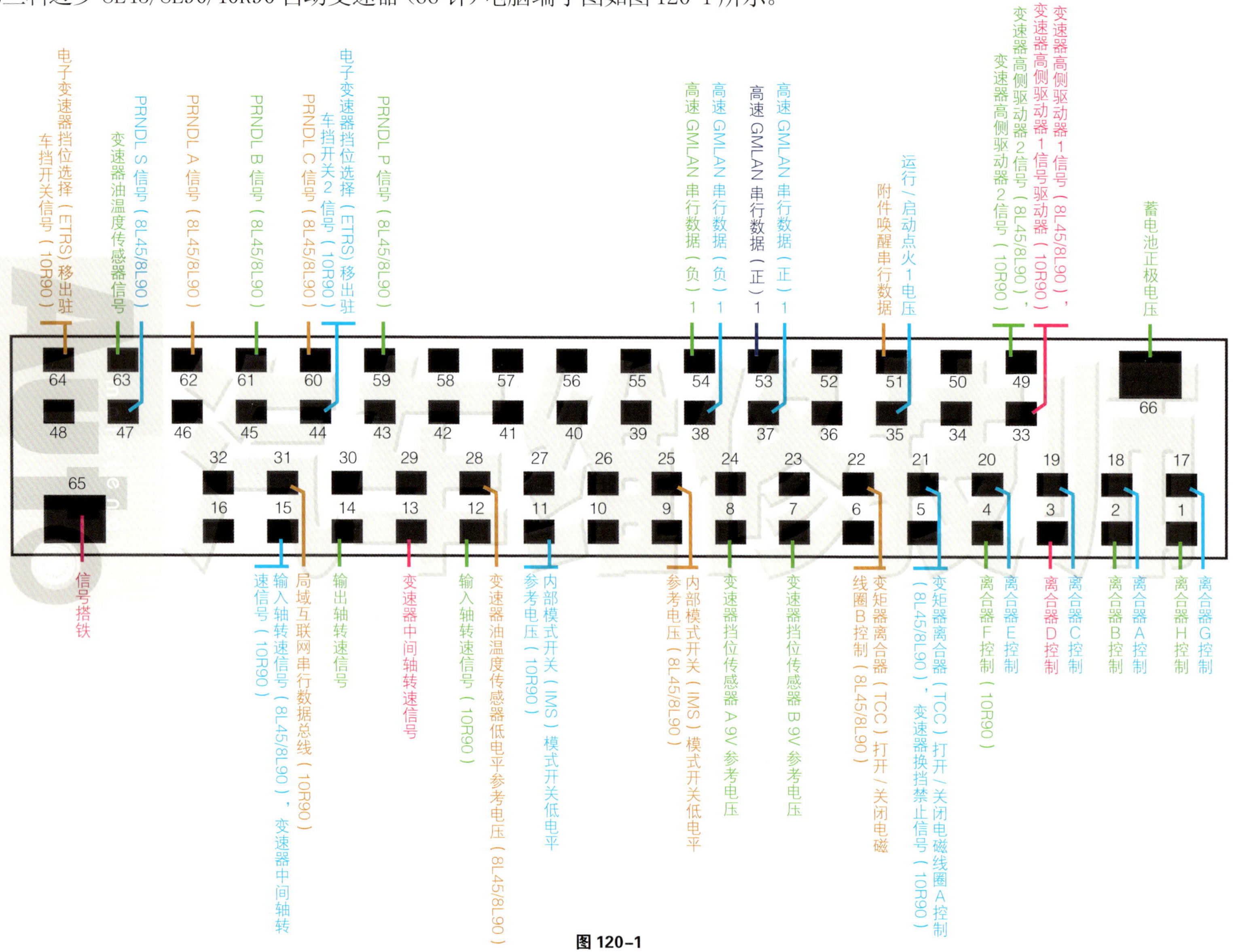

图 120-1

第 121 章 2018 年上汽通用雪佛兰探界者 9T50 9 挡自动变速器（66 针）电脑端子图

2018 年上汽通用雪佛兰探界者 9T50 9 挡自动变速器（66 针）电脑端子图如图 121-1 所示。

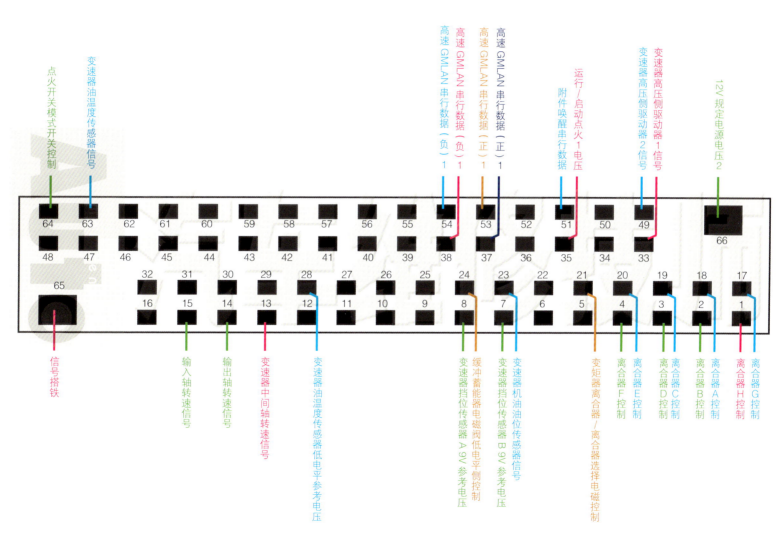

图 121-1

123

第 122 章　2017 年上汽通用别克 VELITE 5 驱动电机控制器（56 针 +2 针 +3 针 +20 针 +20 针）电脑端子图

2017 年上汽通用别克 VELITE 5 PHEV 驱动电机控制器（56 针 +2 针 +3 针 +20 针 +20 针）电脑端子图如图 122-1 所示。

124

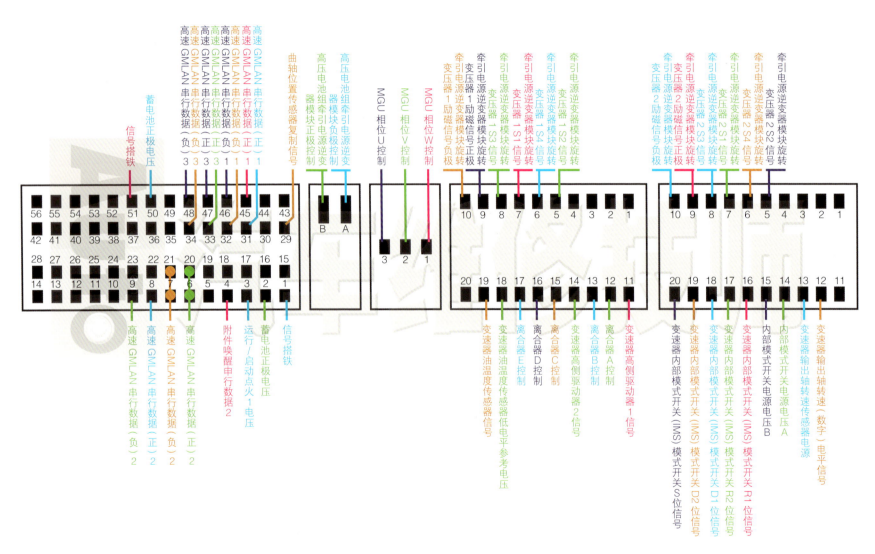

图 122-1

第 123 章　2017 年上汽通用别克 VELITE 5 混合动力控制模块（80 针 +80 针）电脑端子图

2017 年上汽通用别克 VELITE 5 混合动力控制模块（80 针 +80 针）电脑端子图如图 123-1 所示。

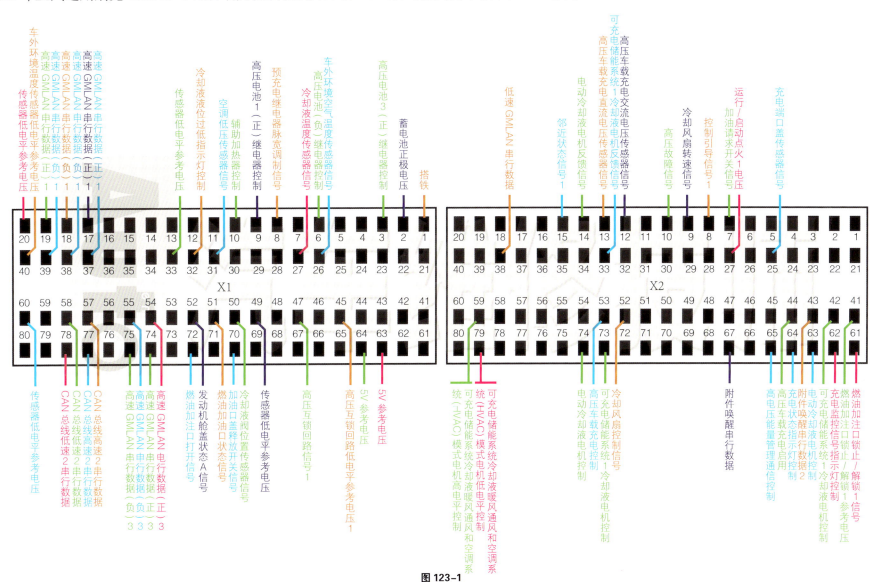

图 123-1

第124章 2018年上汽通用雪佛兰迈锐宝XL HEV混合动力控制模块(20针+20针+10针)电脑端子图

2018年上汽通用雪佛兰迈锐宝XL HEV混合动力控制模块（20针+20针+10针）电脑端子图如图124-1所示。

126

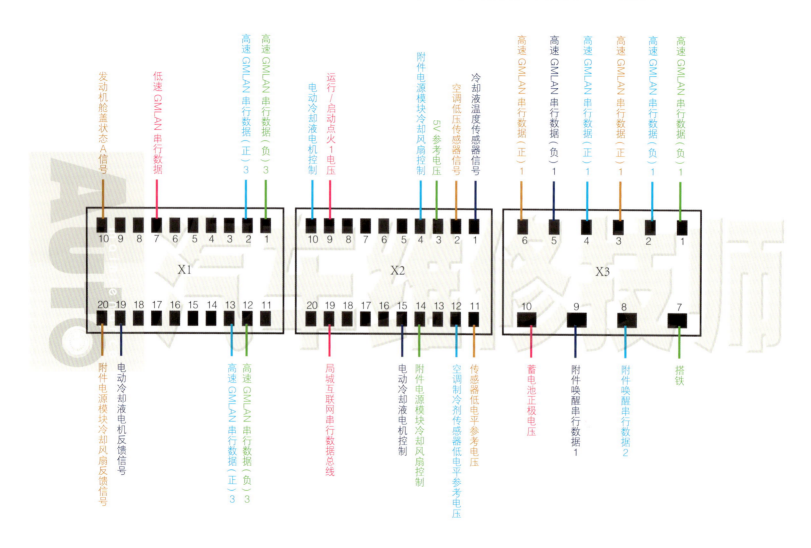

图124-1

第 125 章　2017 年上汽通用凯迪拉克 CT6 PLUG-IN 混动车型电源逆变器模块（56 针）电脑端子图

2017 年上汽通用凯迪拉克 CT6 PLUG-IN 混动车型电源逆变器模块（56 针）电脑端子图如图 125-1 所示。

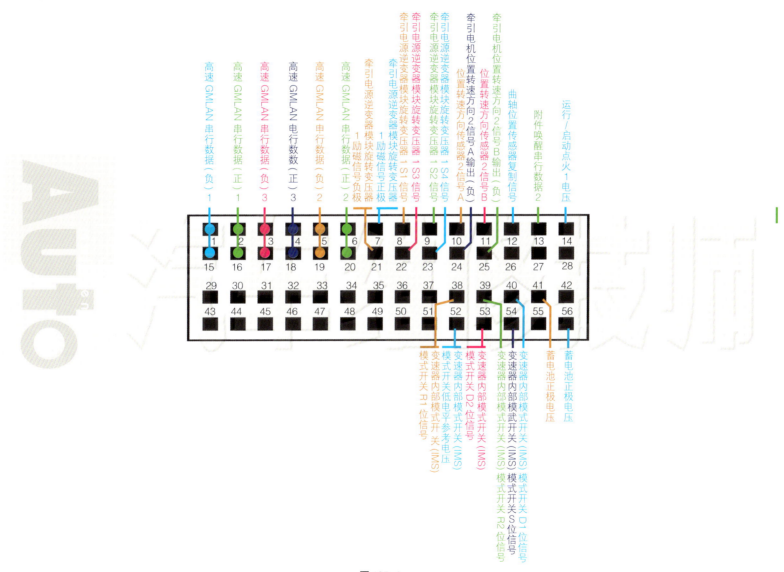

图 125-1

第126章　2017年上汽通用凯迪拉克CT6 PLUG-IN混动车型混合动力控制模块(80针+80针)电脑端子图

2017年上汽通用凯迪拉克CT6 PLUG-IN混动车型混合动力控制模块(80针+80针)电脑端子图如图126-1所示。

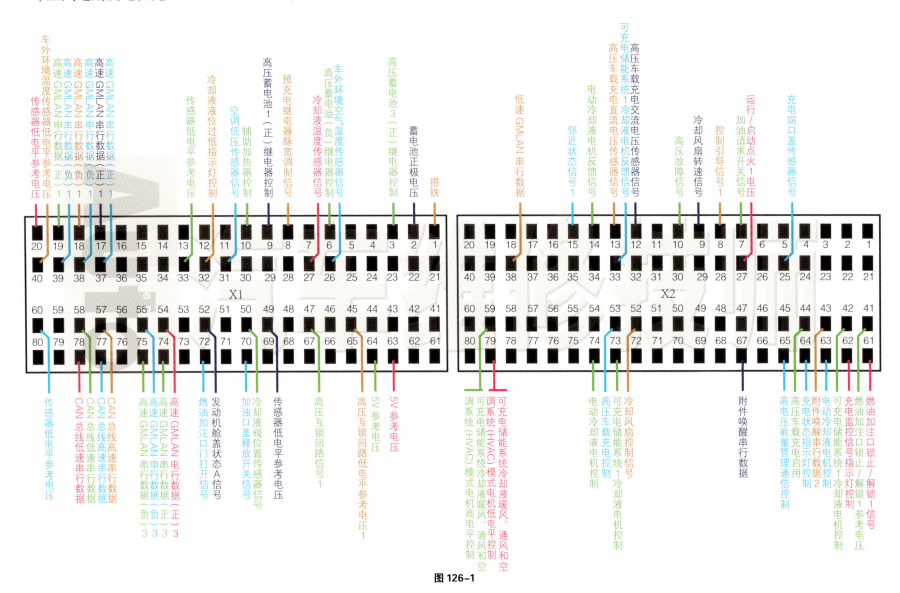

图 126-1

128

第 127 章 2018 年长安福特蒙迪欧新能源 PHEV HF35 无级变速器（26 针）电脑端子图

2018 年长安福特蒙迪欧新能源 PHEV HF35 无级变速器（26 针）电脑端子图如图 127-1 所示。

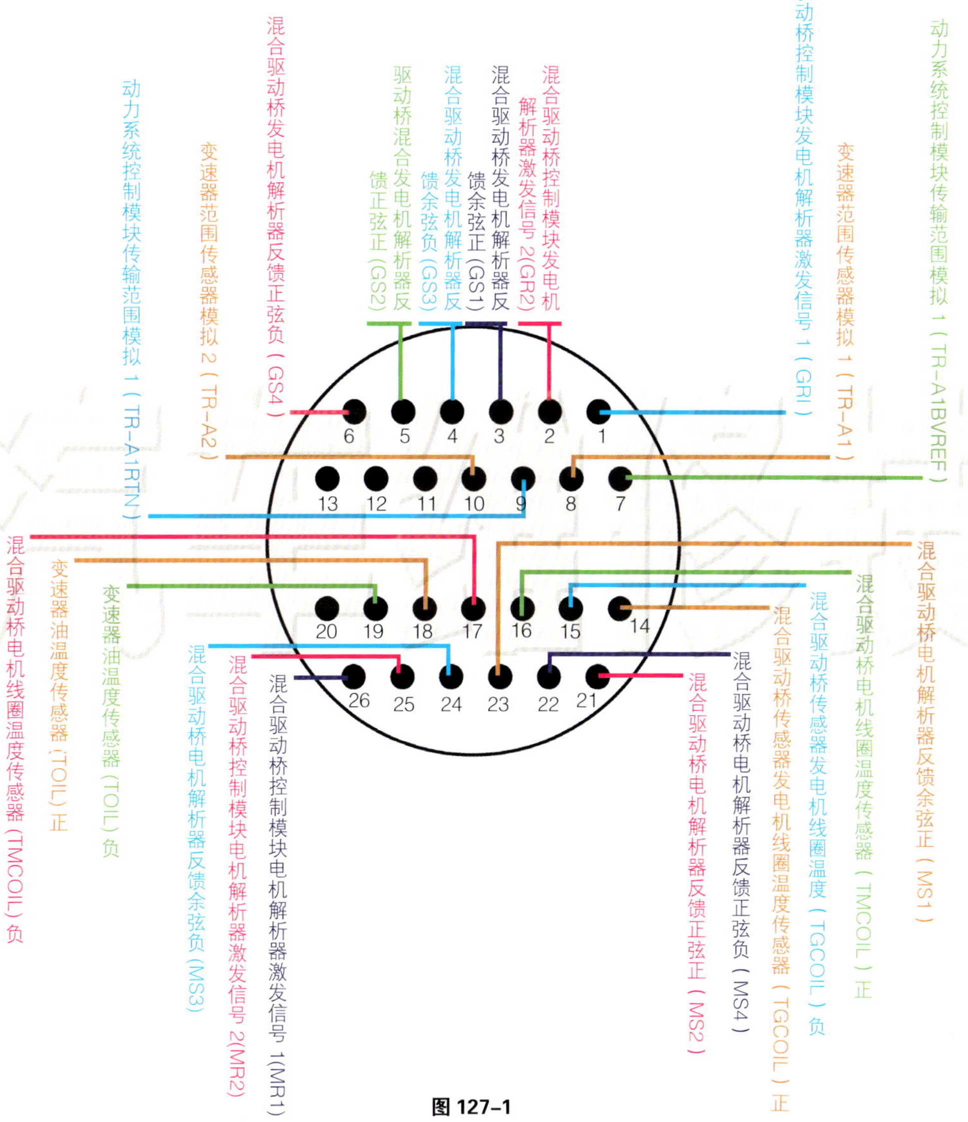

图 127-1

129

第128章 2018年长安福特蒙迪欧新能源PHEV带电机的变速器控制模块(40针 +24针)电脑端子图

2018 年长安福特蒙迪欧新能源 PHEV 带电机的变速器控制模块 (40 针 +24 针) 电脑端子图如图 128-1 所示。

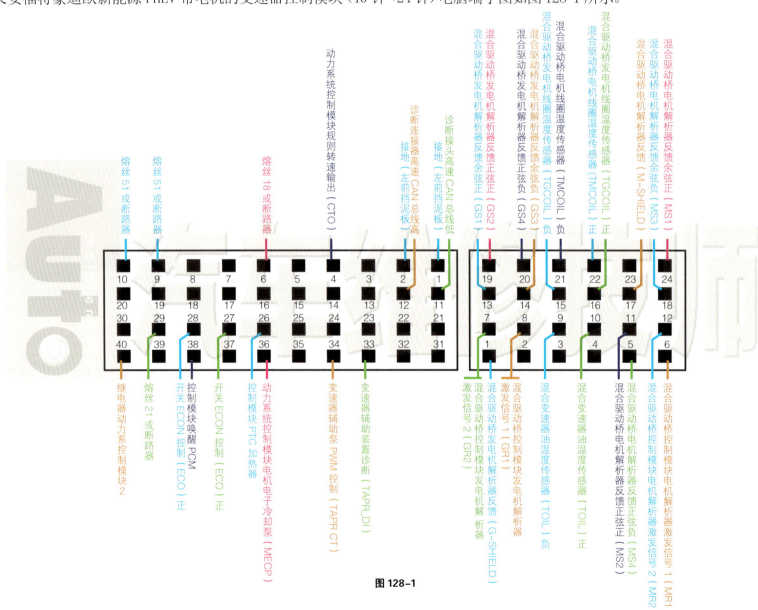

图 128-1

第 129 章 2015 年一汽丰田皇冠 A960E 6 挡自动变速器电脑端子图

2015 年一汽丰田皇冠 A960E 6 挡自动变速器电脑端子图如图 129-1 所示。

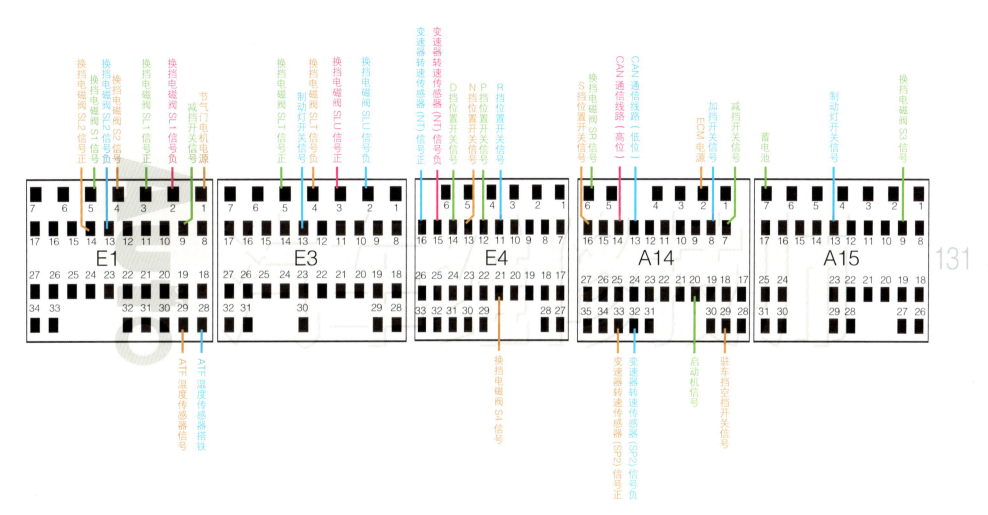

图 129-1

第 130 章　2016 年广汽丰田雷凌双擎混动电机控制器（24 针 +16 针）电脑端子图

2016 年广汽丰田雷凌双擎混动电机控制器（24 针 +16 针）电脑端子图如图 130-1 所示。

132

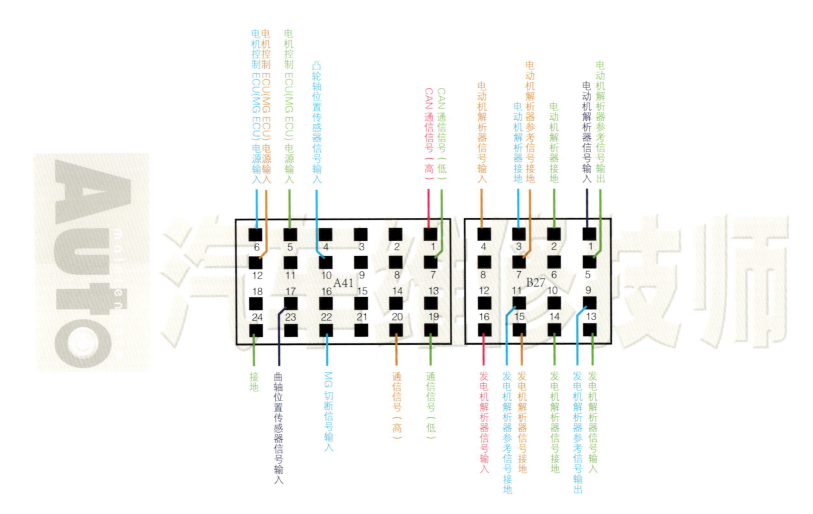

图 130-1

第 131 章　2016 年广汽丰田雷凌双擎混动控制模块（48 针 +48 针 +54 针）电脑端子图

2016 年广汽丰田雷凌双擎混动控制模块（48 针 +48 针 +54 针）电脑端子图如图 131-1 所示。

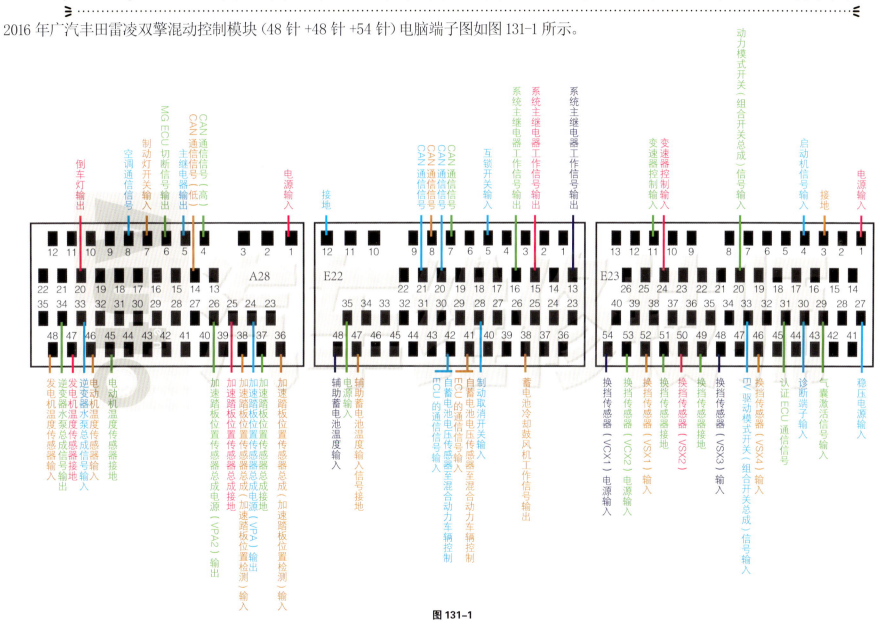

图 131-1

第 132 章　2018 年广汽丰田汉兰达 2.0T U661F 6 挡自动变速器（140 针 +60 针）电脑端子图

2018 年广汽丰田汉兰达 2.0T U661F 6 挡自动变速器（140 针 +60 针）电脑端子图如图 132-1 所示。

134

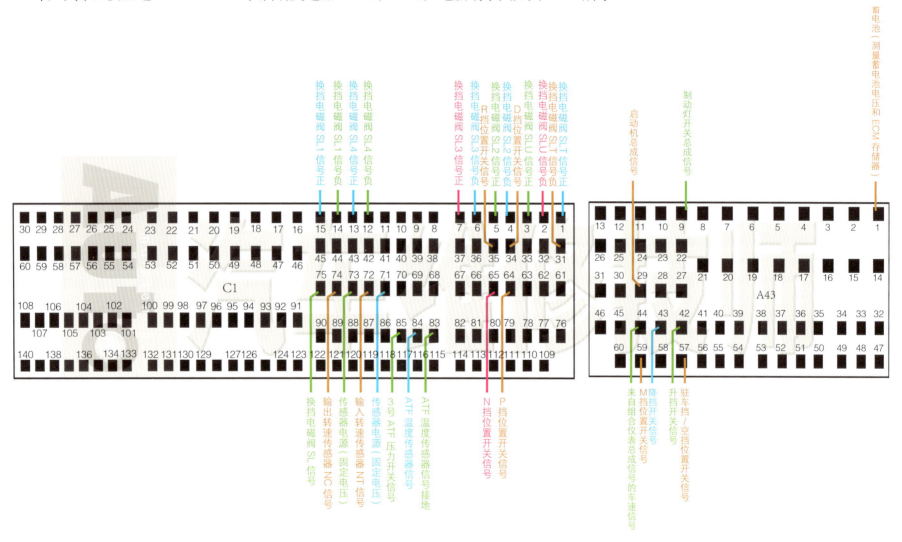

图 132-1

第 133 章　2018 年广汽丰田凯美瑞双擎混动带转换器的逆变器总成（24 针 +16 针）电脑端子图

2018 年广汽丰田凯美瑞双擎混动带转换器的逆变器总成（24 针 +16 针）电脑端子图如图 133-1 所示。

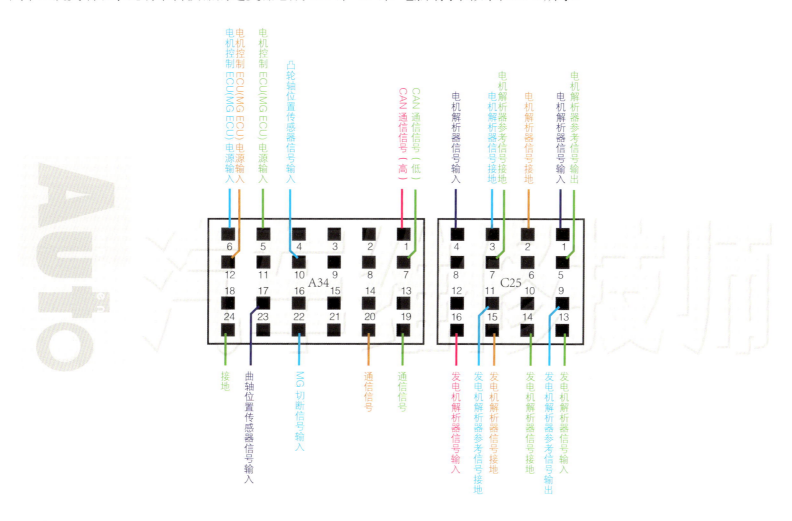

图 133-1

135

第 134 章　2018 年广汽丰田凯美瑞双擎混动混合动力控制模块（34 针 +35 针 +35 针 +31 针）电脑端子图

2018 年广汽丰田凯美瑞双擎混动混合动力控制模块（34 针 +35 针 +35 针 +31 针）电脑端子图如图 134-1 所示。

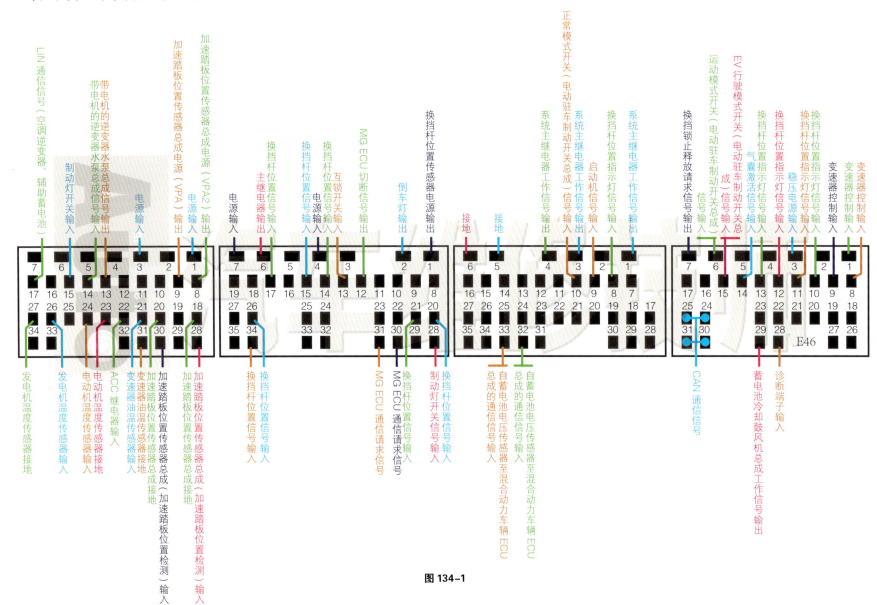

图 134-1

第135章 2012—2020年雷克萨斯CT200h P410混动无级变速器控制模块(24针+26针)电脑端子图

2012—2020年雷克萨斯CT200h P410混动无级变速器控制模块（24针+26针）电脑端子图如图135-1所示。

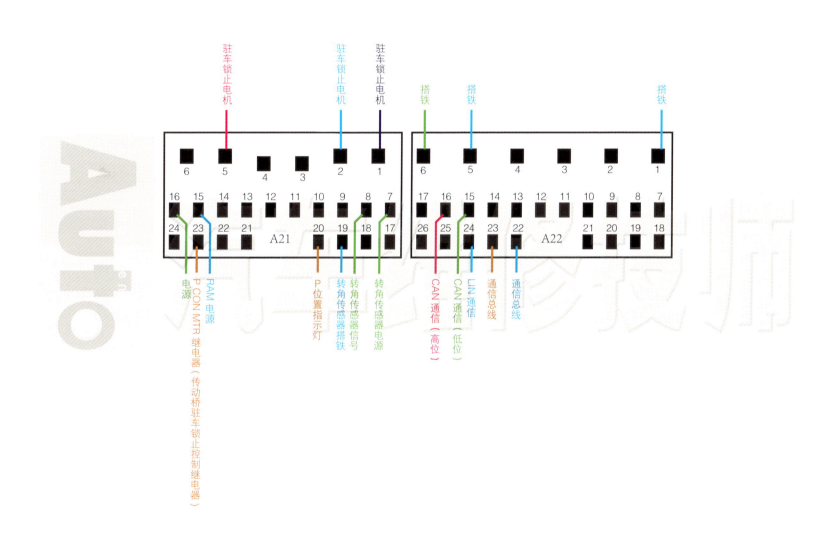

图 135-1

137

第136章 2012—2017年雷克萨斯ES300h混合动力控制模块(34针+35针+35针+31针)电脑端子图

2012—2017年雷克萨斯ES300h混合动力控制模块(34针+35针+35针+31针)电脑端子图如图136-1所示。

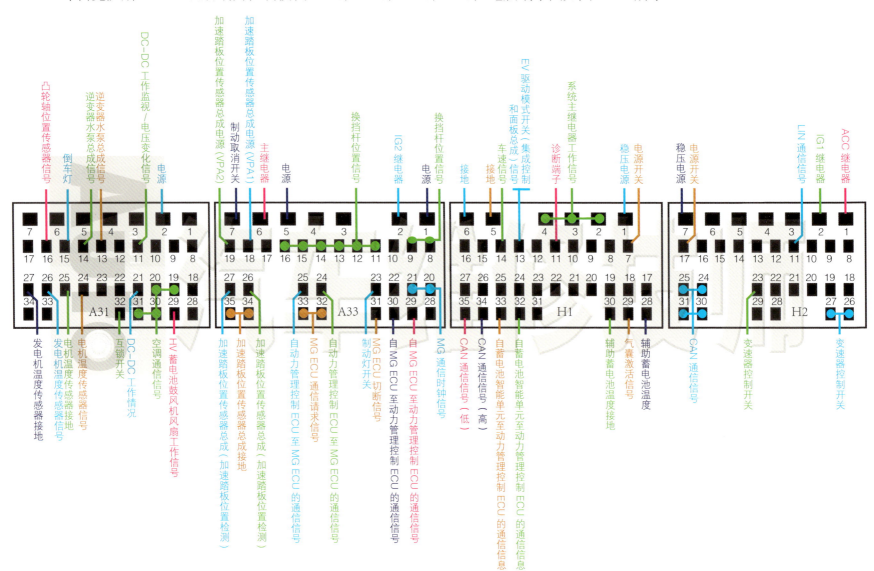

图136-1

第 137 章　2014 年雷克萨斯 NX200 K114 无级变速器（60 针 +140 针）电脑端子图

2014 年雷克萨斯 NX200 K114 无级变速器（60 针 +140 针）电脑端子图如图 137-1 所示。

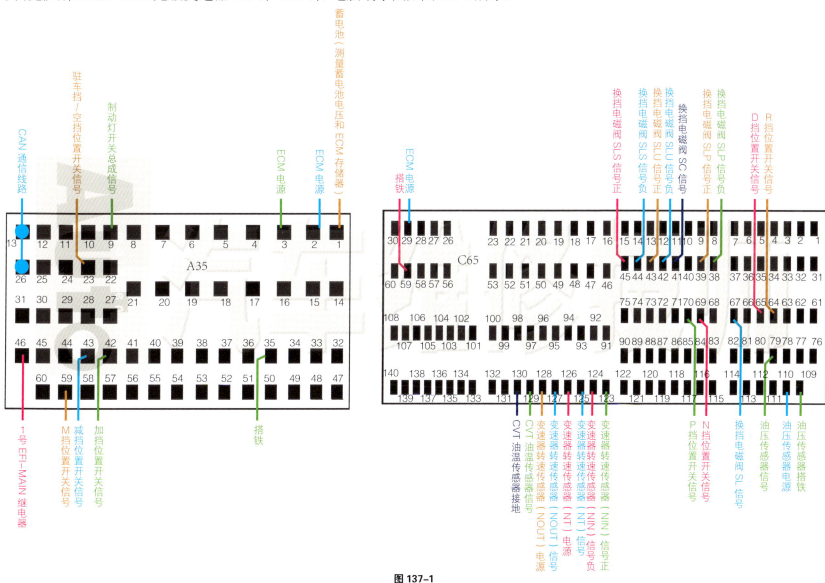

139

图 137-1

第138章　2014年广汽本田歌诗图K24Y3发动机的ML8A 5挡自动变速器(49针 +49针 +49针)电脑端子图

2014 年广汽本田歌诗图 K24Y3 发动机的 ML8A 5 挡自动变速器 (49 针 +49 针 +49 针) 电脑端子图如图 138-1 所示。

140

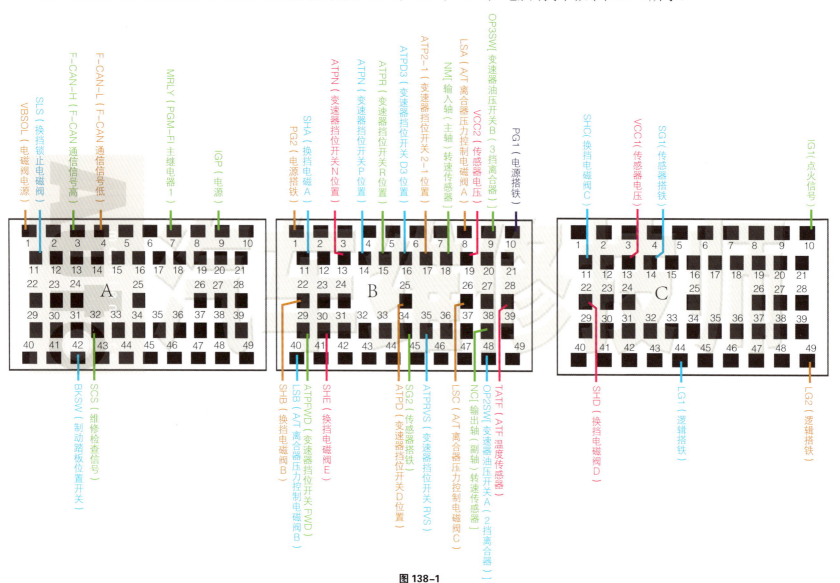

图 138-1

第 139 章　2014 年广汽本田雅阁 2.0L R20Z4 CF8A CVT 变速器（51 针 +51 针 +51 针）电脑端子图

2014 年广汽本田雅阁 2.0L R20Z4 CF8A CVT 变速器（51 针 +51 针 +51 针）电脑端子图如图 139-1 所示。

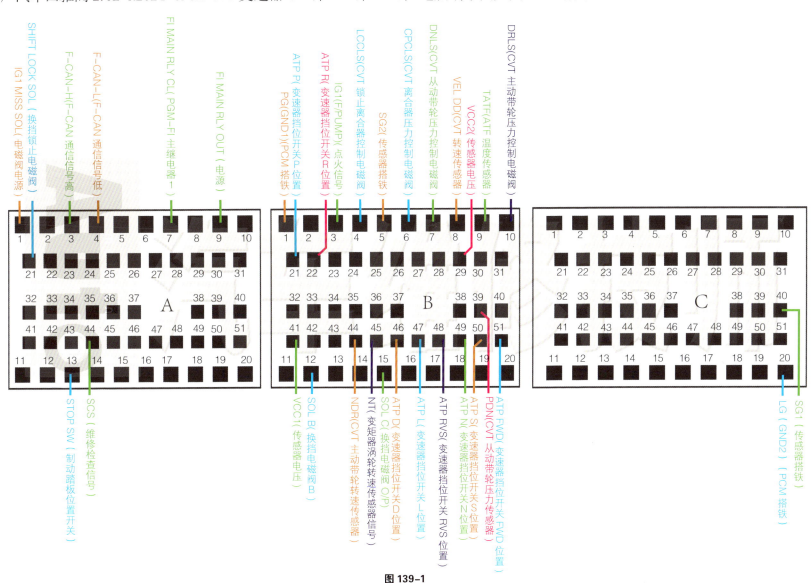

图 139-1

第140章　2014年广汽本田雅阁2.4L K24W5 CY8A/MY8A CVT变速器(51针+51针+51针)电脑端子图

2014 年广汽本田雅阁 2.4L K24W5 CY8A/MY8A CVT 无级变速器 (51 针 +51 针 +51 针) 电脑端子图如图 140-1 所示。

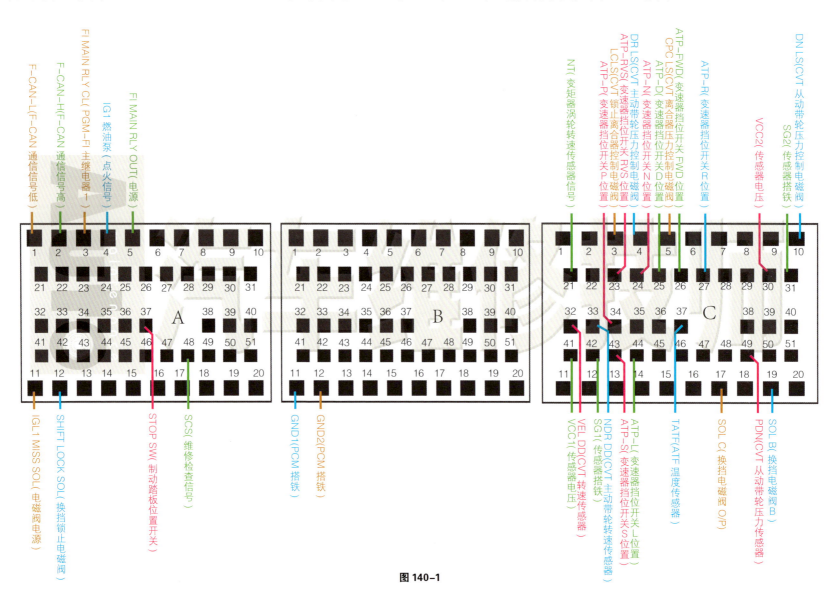

142

图 140-1

第141章 2014年广汽本田雅阁 J30A5 发动机 MB8A 6 挡自动变速器(51针 +51针 +51针)电脑端子图

2014 年广汽本田雅阁 J30A5 发动机 MB8A 6 挡自动变速器 (51 针 +51 针 +51 针) 电脑端子图如图 141-1 所示。

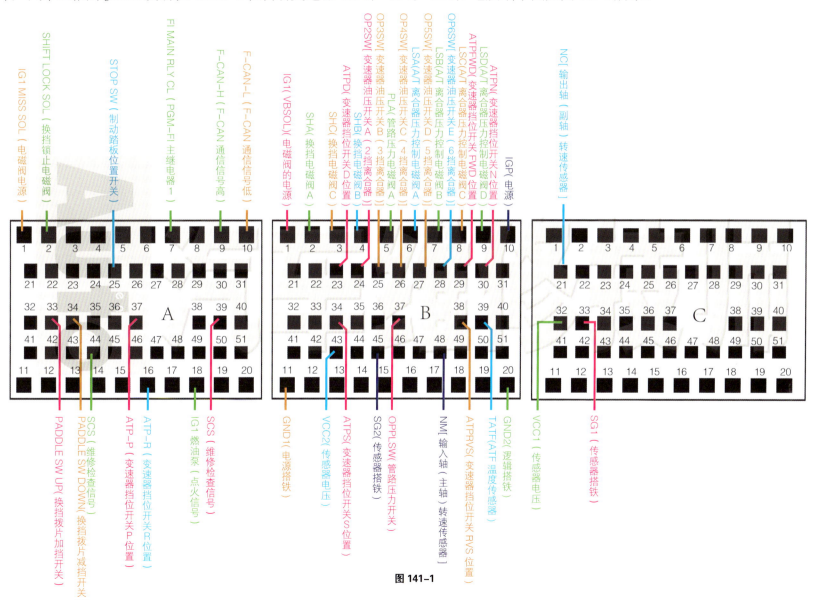

图 141-1

第 142 章　2017 年东风本田思域 CDHA 无级变速器（50 针）电脑端子图

2017 年东风本田思域 CDHA 无级变速器（50 针）电脑端子图如图 142-1 所示。

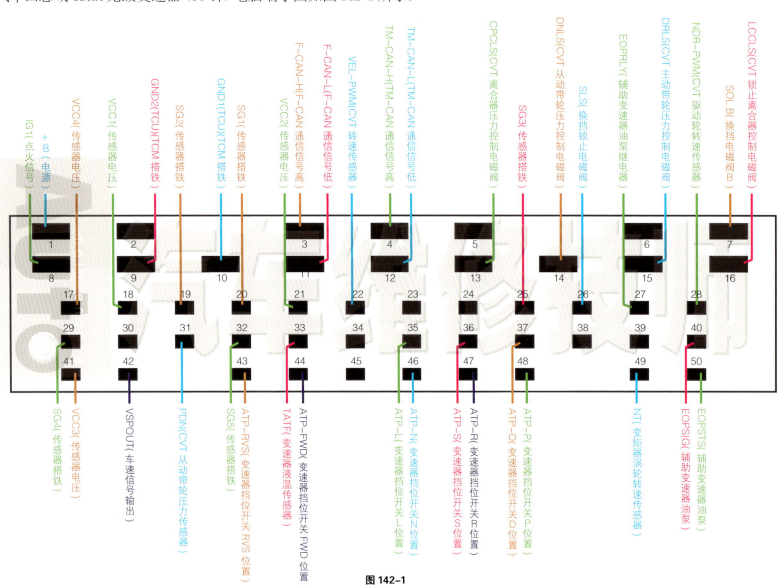

图 142-1

144

第 143 章　2018 年东风本田 UR-V Q5MT 9 挡自动变速器（58 针 +20 针）电脑端子图

2018 年东风本田 UR-V Q5MT 9 挡自动变速器（58 针 +20 针）电脑端子图如图 143-1 所示。

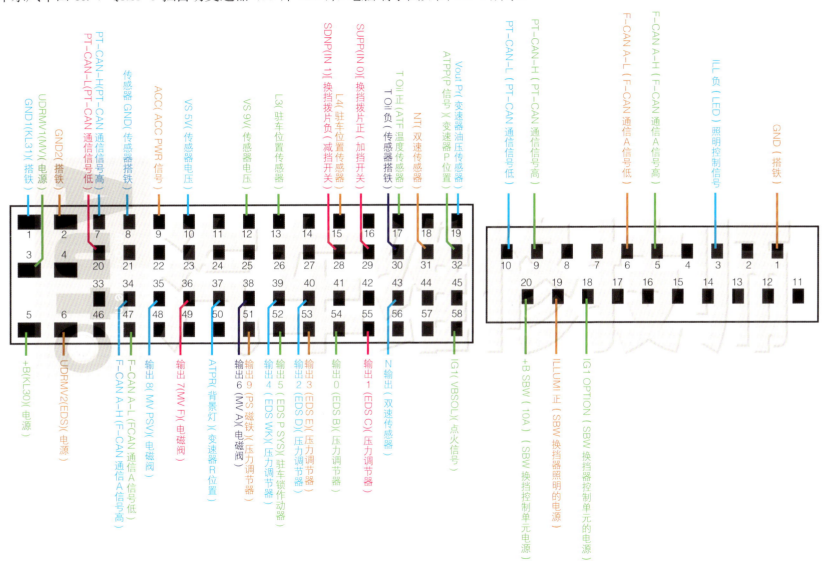

图 143-1

第 144 章　2020 年东风本田 CR-V 锐混动电机控制单元 PCU（33 针）电脑端子图

2020 年东风本田 CR-V 锐混动电机控制单元 PCU（33 针）电脑端子图如图 144-1 所示。

146

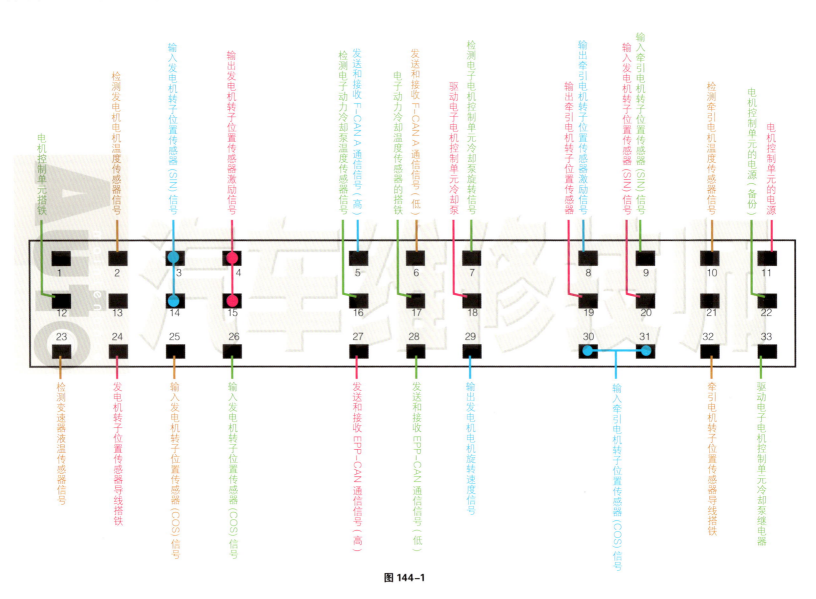

图 144-1

第 145 章 2017 年东风本田思铂睿混动 LFA11 混动发动机 PCM（50 针 +80 针）电脑端子图

2017 年东风本田思铂睿混动 LFA11 混动发动机 PCM（50 针 +80 针）电脑端子图如图 145-1 所示。

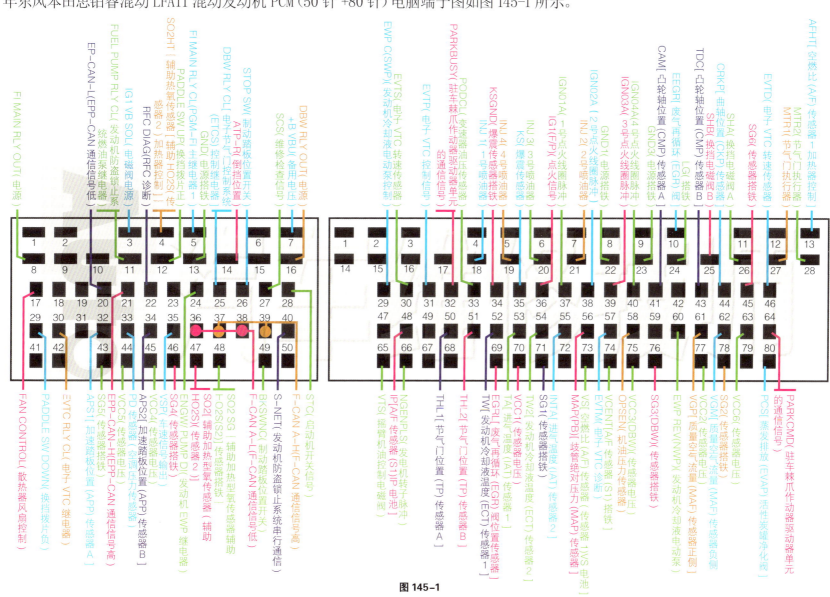

147

图 145-1

第 146 章　2017 年东风本田思铂睿混动变速器（ECVT）换挡控制单元（20 针）电脑端子图

2017 年东风本田思铂睿变速器（ECVT）换挡控制单元（20 针）电脑端子图如图 146-1 所示。

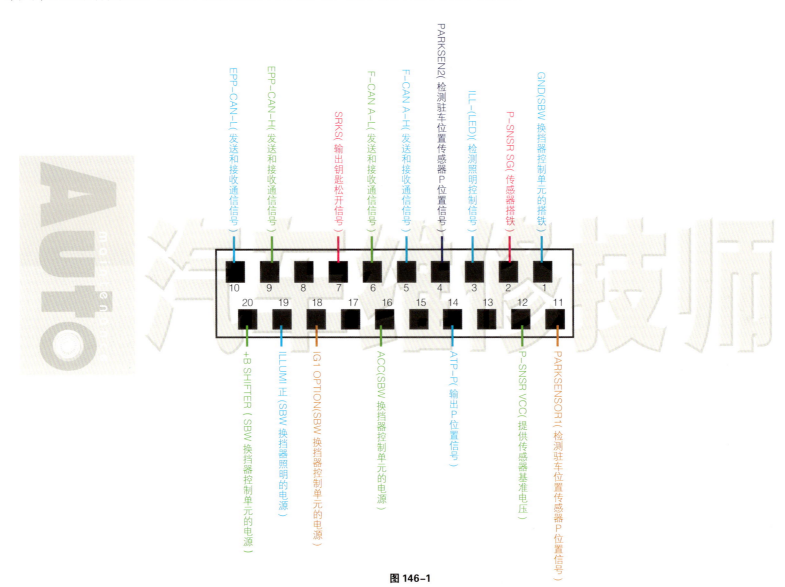

EPP-CAN-L(发送和接收通信信号)

EPP-CAN-H(发送和接收通信信号)

SRKS(输出钥匙松开信号)

F-CAN A-L(发送和接收通信信号)

F-CAN A-H(发送和接收通信信号)

PARKSEN2(检测驻车位置传感器 P 位置信号)

ILL-(LED)(检测照明控制信号)

P-SNSR SG(传感器搭铁)

GND(SBW 换挡器控制单元的搭铁)

+B SHIFTER (SBW 换挡器控制单元的电源)

ILLUMI 正 (SBW 换挡器照明的电源)

IG1 OPTION(SBW 换挡器控制单元的电源)

ACC(SBW 换挡器控制单元的电源)

ATP-P(输出 P 位置信号)

P-SNSR VCC(提供传感器基准电压)

PARKSENSOR1(检测驻车位置传感器 P 位置信号)

图 146-1

第 147 章　2014 年东风日产玛驰 RE4F03C 4 挡自动变速器（48 针）电脑端子图

2014 年东风日产玛驰 RE4F03C 4 挡自动变速器（48 针）电脑端子图如图 147-1 所示。

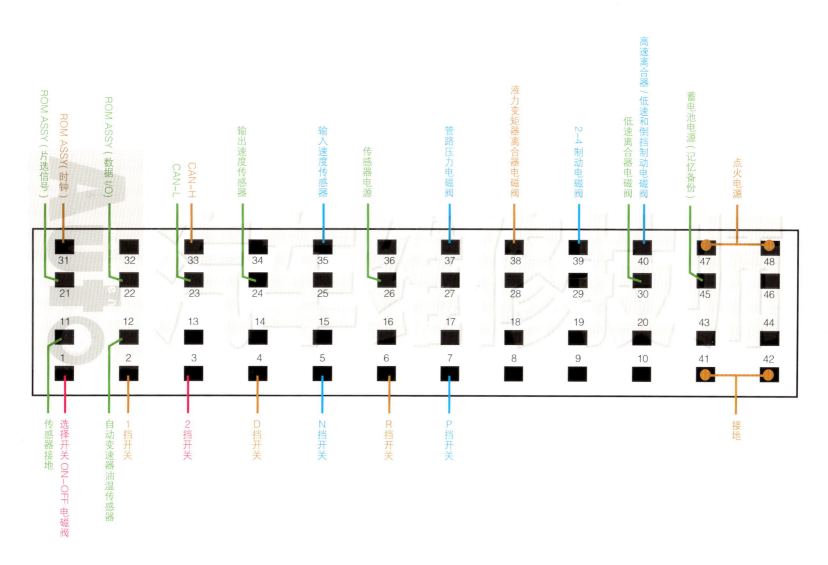

图 147-1

149

第 148 章　2016 年东风日产轩逸 REOF11A 无级变速器（48 针）电脑端子图

2016 年东风日产轩逸 REOF11A 无级变速器（48 针）电脑端子图如图 148-1 所示。

150

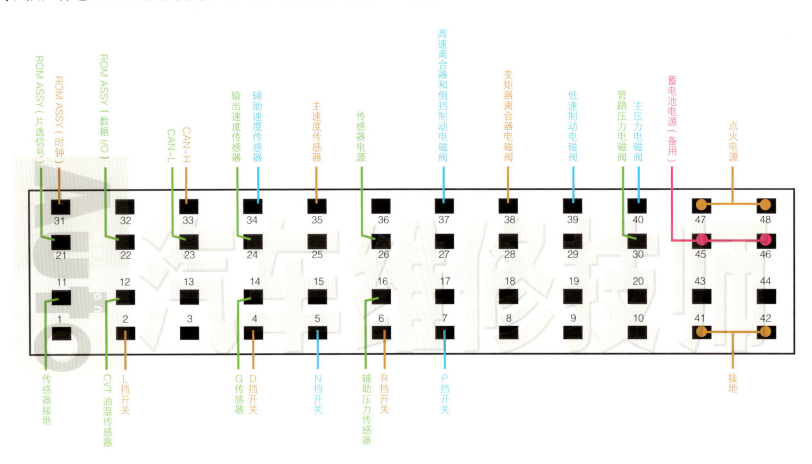

图 148-1

第 149 章　2016 年东风日产轩逸 REOF11B 无级变速器（48 针）电脑端子图

2016 年东风日产轩逸 REOF11B 无级变速器（48 针）电脑端子图如图 149-1 所示。

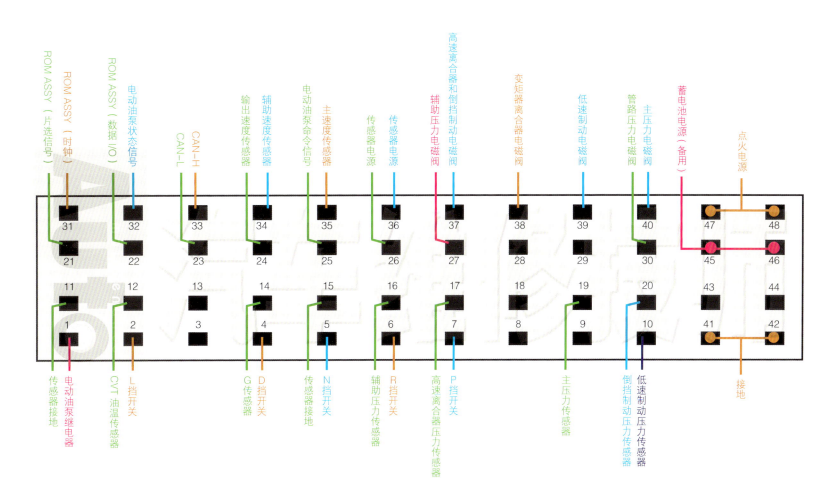

151

图 149-1

第 150 章　2015 年东风日产楼兰混动驱动电机逆变器（40 针）电脑端子图

2015 年东风日产楼兰混动驱动电机逆变器（40 针）电脑端子图如图 150-1 所示。

152

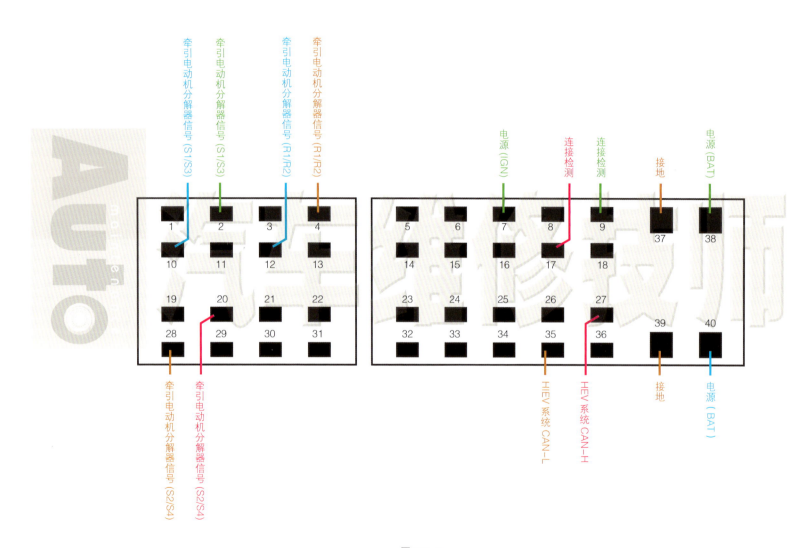

图 150-1

第 151 章 2015 年东风日产楼兰混动混合动力控制模块（HPCM）（112 针）电脑端子图

2015 年东风日产楼兰混动混合动力控制模块（HPCM）（112 针）电脑端子图如图 151-1 所示。

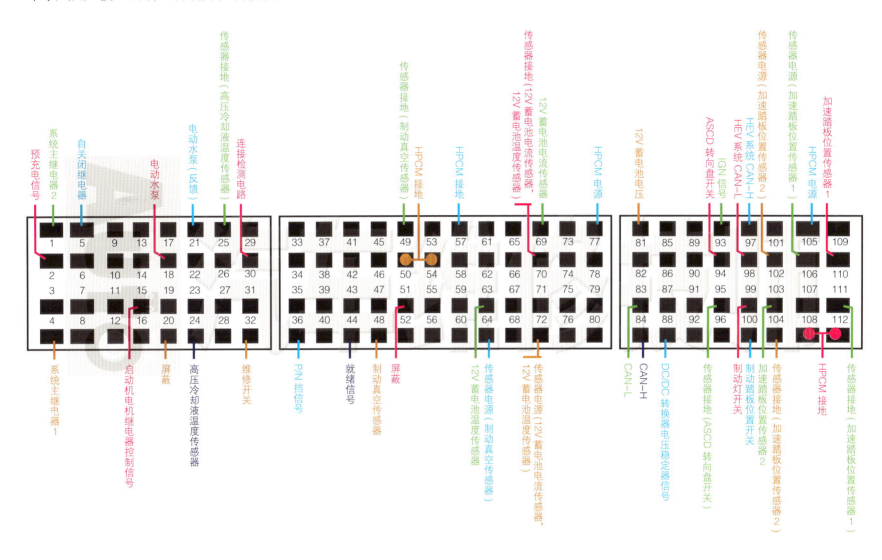

图 151-1

第 152 章　2011 年马自达 M8 FN4A-EL 4 挡自动变速器（24 针 +16 针）电脑端子图

2011 年马自达 M8 FN4A-EL 4 挡自动变速器（24 针 +16 针）电脑端子图如图 152-1 所示。

154

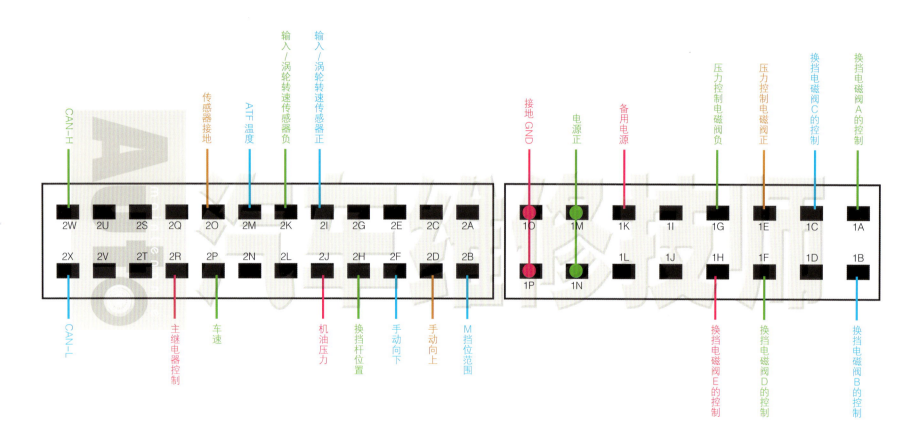

图 152-1

第 153 章　2009 年马自达 MX-5 SJ6A-EL 6 挡自动变速器（35 针 +35 针）电脑端子图

2009 年马自达 MX-5 SJ6A-EL 6 挡自动变速器（35 针 +35 针）电脑端子图如图 153-1 所示。

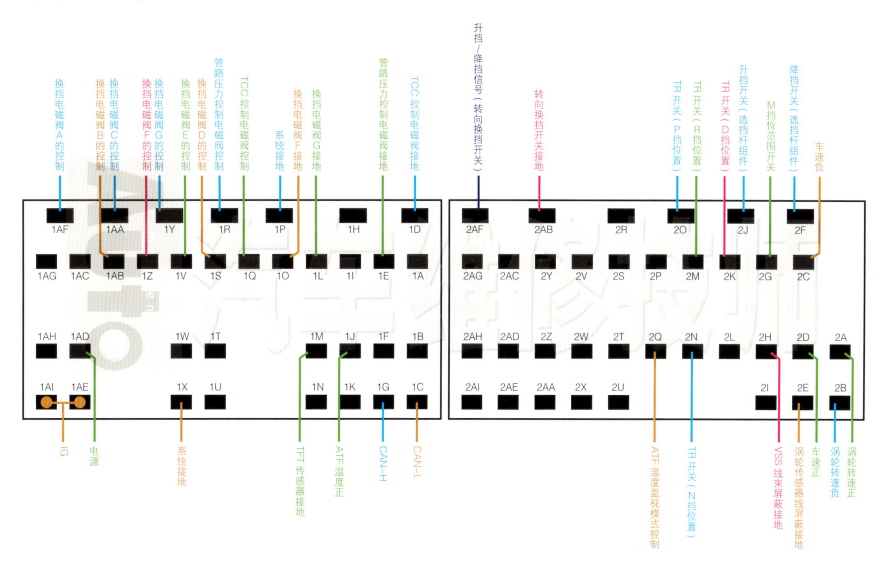

图 153-1

第 154 章　2009 年一汽马自达睿翼 FS5A-EL 5 挡自动变速器（24 针 +16 针）电脑端子图

2009 年一汽马自达睿翼 FS5A-EL 5 挡自动变速器（24 针 +16 针）电脑端子图如图 154-1 所示。

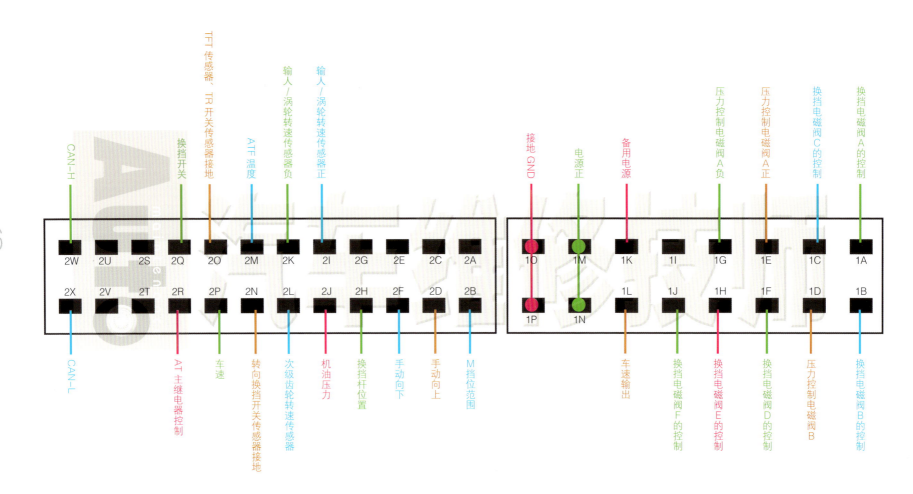

156

图 154-1

第 155 章　2018 年长丰猎豹 CS9 VT2/VT3 CVT 无级变速器（48 针）电脑端子图

2018 年长丰猎豹 CS9 VT2/VT3 CVT 无级变速器（48 针）电脑端子图如图 155-1 所示。

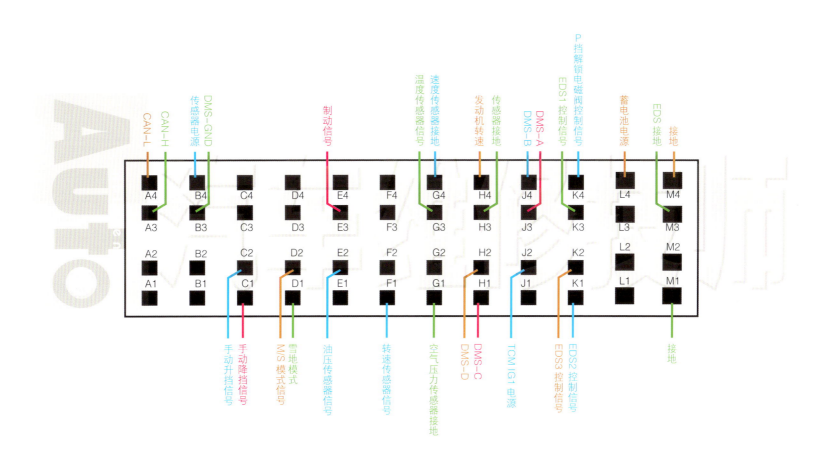

157

图 155-1

第 156 章　2018 年长丰猎豹 DCT360C 6 挡湿式双离合器变速器（81 针）电脑端子图

2018 年长丰猎豹 DCT360C 6 挡湿式双离合器变速器（81 针）电脑端子图如图 156-1 所示。

158

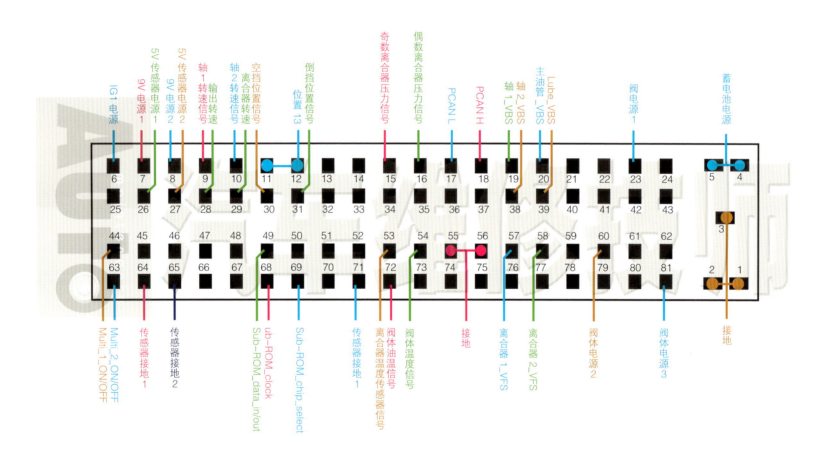

图 156-1

第 157 章　2016 年帕杰罗 6G7 发动机 V4A5A 4 挡 /V5A5A 5 挡自动变速器（146 针）电脑端子图

2016 年帕杰罗 6G7 发动机 V4A5A 4 挡 /V5A5A 5 挡自动变速器（146 针）电脑端子图如图 157-1 所示。

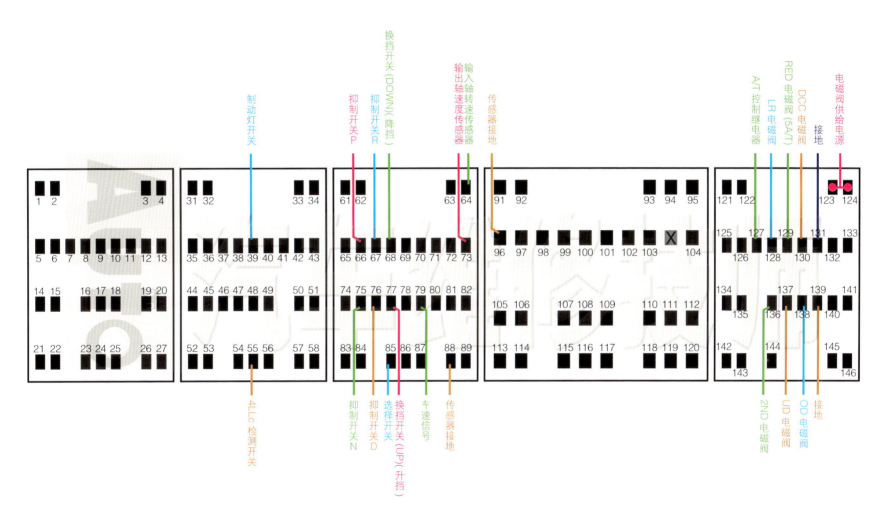

159

图 157-1

第 158 章　2016 年三菱欧蓝德 F1CJC/W1CJC 无级变速器（52 针）电脑端子图

2016 年三菱欧蓝德 F1CJC/W1CJC 无级变速器（52 针）电脑端子图如图 158-1 所示。

160

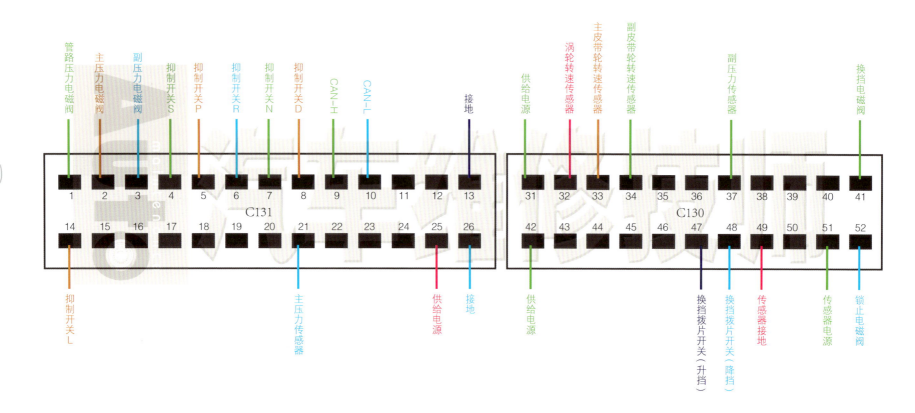

图 158-1

第 159 章 2008 年三菱欧蓝德 W6AJA 6 挡自动变速器（52 针）电脑端子图

2008 年三菱欧蓝德 W6AJA 6 挡自动变速器（52 针）电脑端子图如图 159-1 所示。

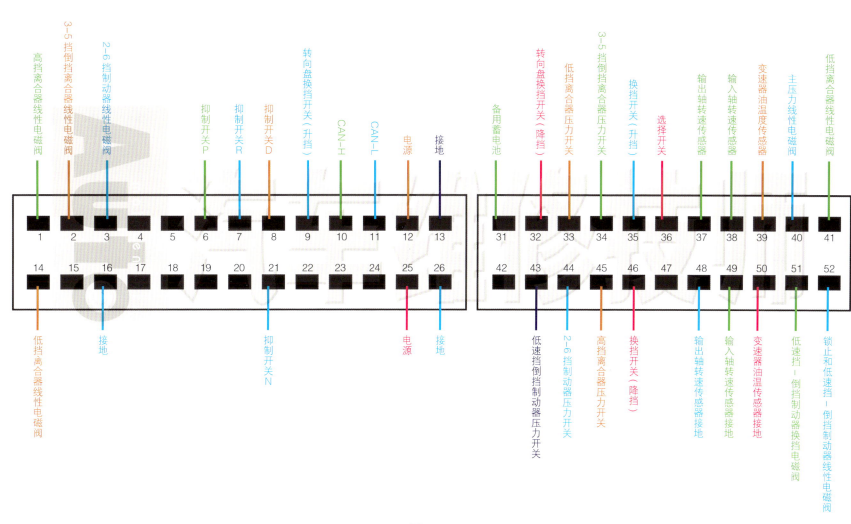

图 159-1

第 160 章　铃木超级维特拉 4 挡自动变速器（24 针 +26 针）电脑端子图

铃木超级维特拉 4 挡自动变速器（24 针 +26 针）电脑端子图如图 160-1 所示。

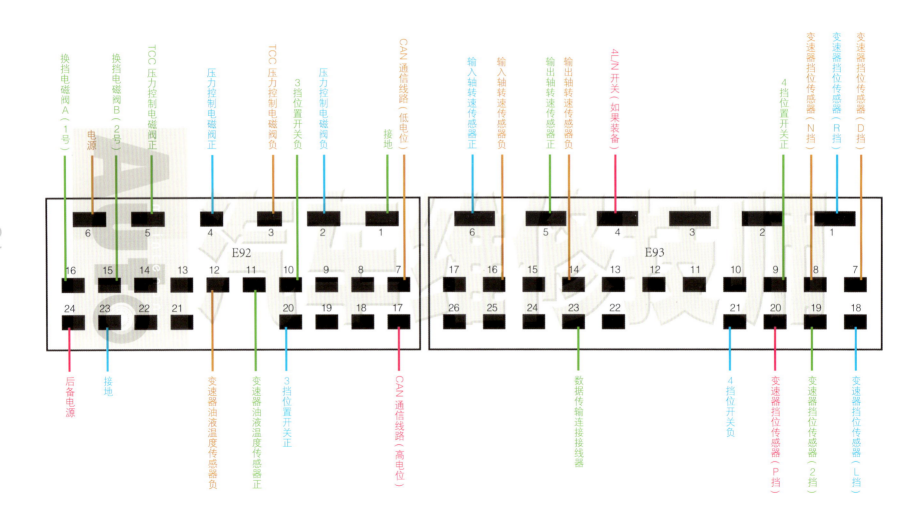

图 160-1

162

第 161 章　铃木超级维特拉 5 挡自动变速器（24 针 +26 针）电脑端子图

铃木超级维特拉 5 挡自动变速器（24 针 +26 针）电脑端子图如图 161-1 所示。

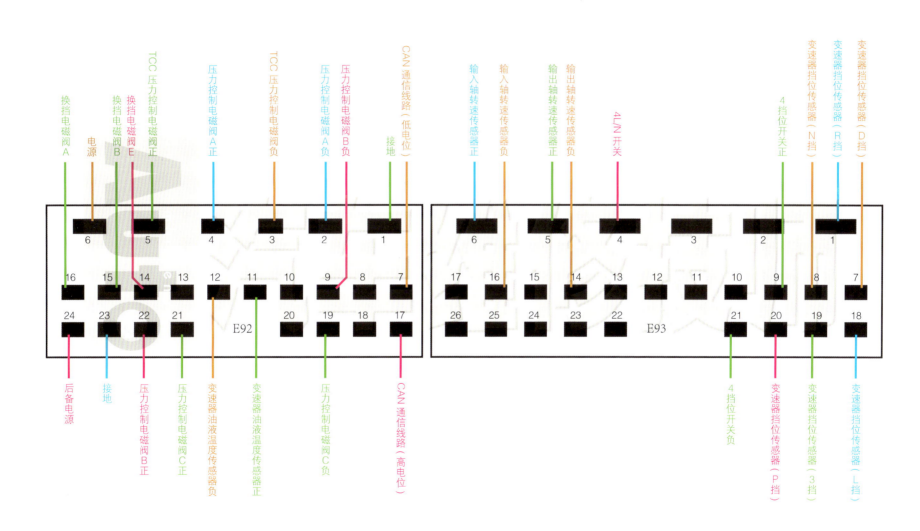

图 161-1

163

第 162 章　2017 年铃木英格尼斯 CVT 无级变速器（24 针 +26 针）电脑端子图

2017 年铃木英格尼斯 CVT 无级变速器（24 针 +26 针）电脑端子图如图 162-1 所示。

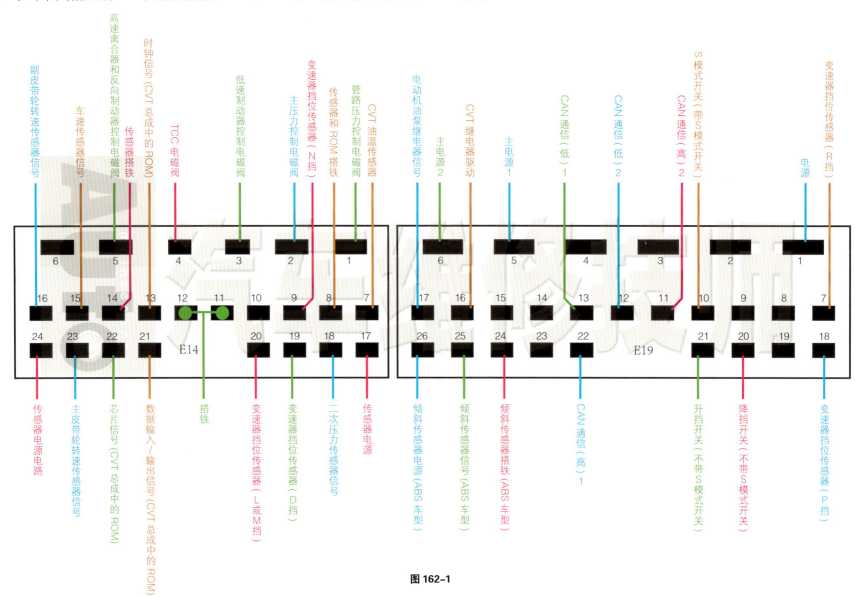

图 162-1

第 163 章　2015 年上汽荣威 W5 55-51SN 5 挡自动变速器（24 针 +26 针）电脑端子图

2015 年上汽荣威 W5 55-51SN 5 挡自动变速器（24 针 +26 针）电脑端子图如图 163-1 所示。

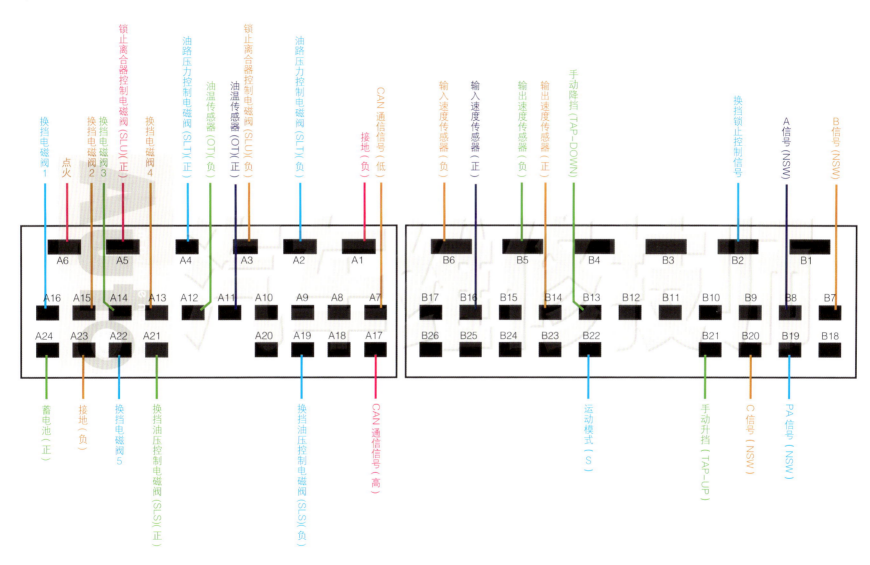

图 163-1

165

第164章 2017—2018年上汽荣威360 DCT250 7挡干式双离合器变速器（18针+18针+28针）电脑端子图

2017—2018年上汽荣威360 DCT250 7挡干式双离合器变速器（18针+18针+28针）电脑端子图如图164-1所示。

166

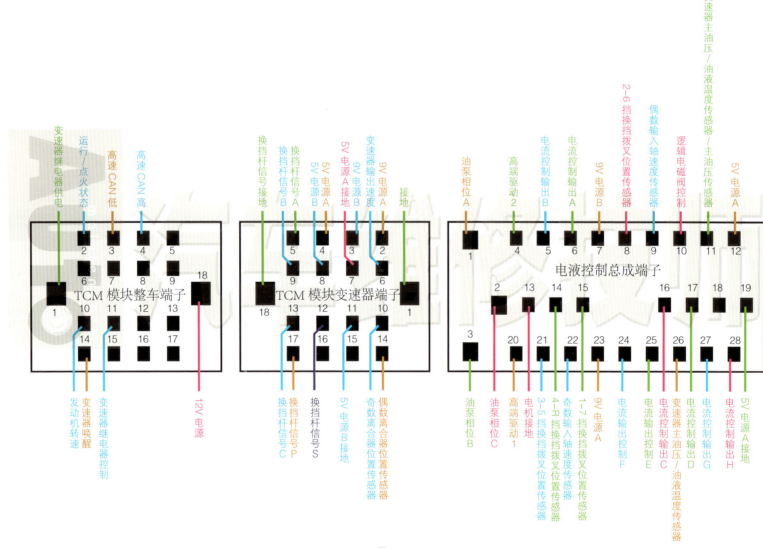

图164-1

第 165 章　2017—2018 年上汽荣威 360 TS-41SN 4 挡自动变速器（24 针 +26 针）电脑端子图

2017—2018 年上汽荣威 360 TS-41SN 4 挡自动变速器（24 针 +26 针）电脑端子图如图 165-1 所示。

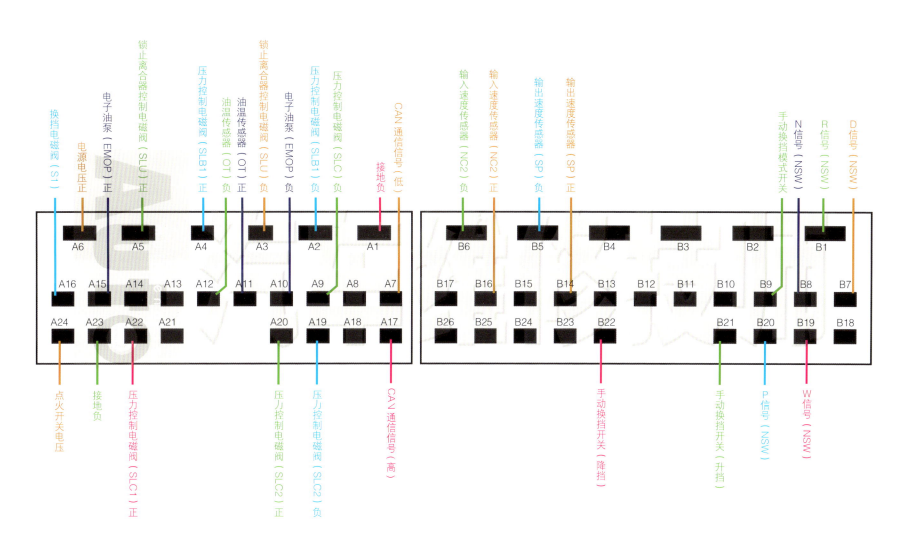

图 165-1

第 166 章　2018—2019 年上汽荣威 RX5 6 挡湿式双离合器变速器（81 针）电脑端子图

2018—2019 年上汽荣威 RX5 6 挡湿式双离合器变速器 (81 针) 电脑端子图如图 166-1 所示。

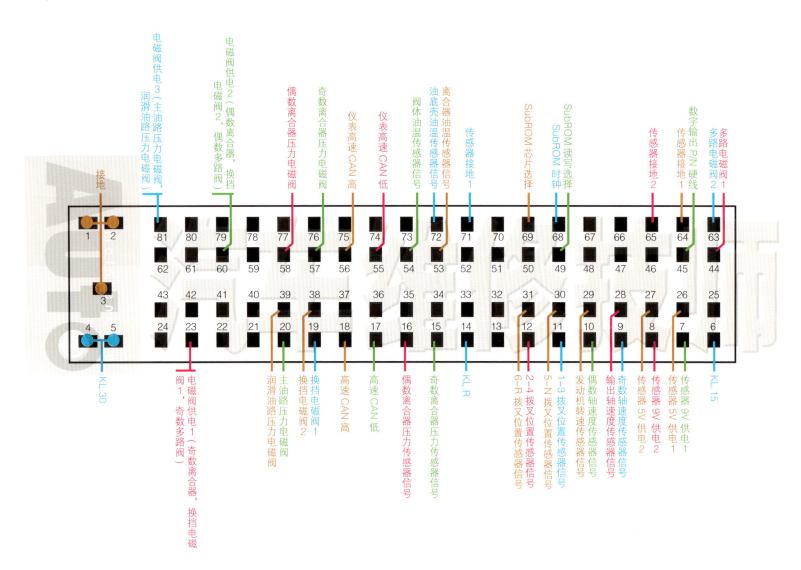

图 166-1

第 167 章 2018—2021 年上汽荣威 RX3 AWFCX18 无级变速器（24 针 +26 针）电脑端子图

2018—2021 年上汽荣威 RX3 AWFCX18 无级变速器（24 针 +26 针）电脑端子图如图 167-1 所示。

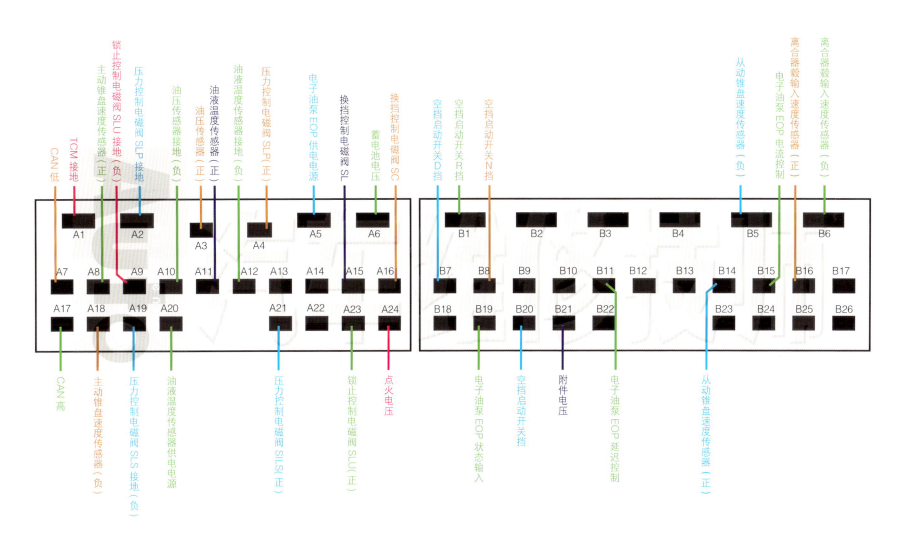

图 167-1

第 168 章　2018—2020 年上汽荣威 RX3 F21-250 6 挡自动变速器（16 针 +33 针）电脑端子图

2018—2020 年上汽荣威 RX3 F21-250 6 挡自动变速器（16 针 +33 针）电脑端子图如图 168-1 所示。

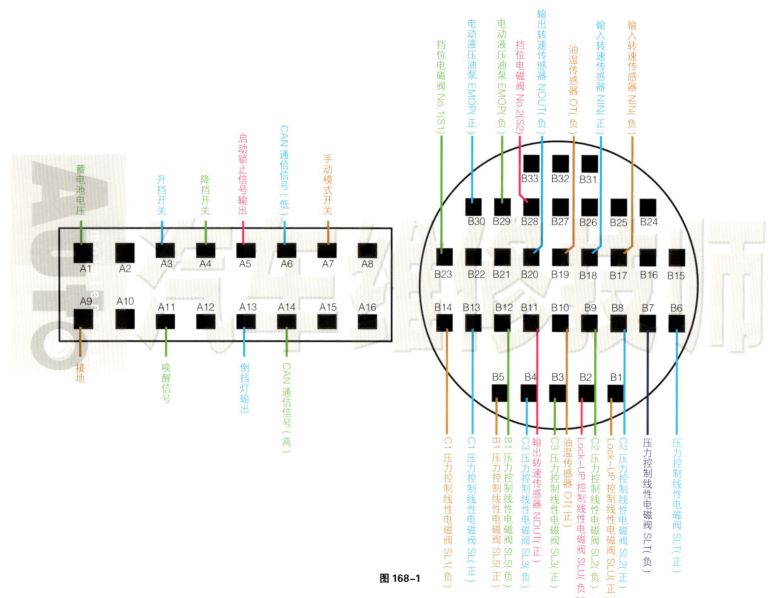

图 168-1

第 169 章　2015—2016 年上汽荣威 E50 EV 整车控制器 VCU（81 针）电脑端子图

2015—2016 年上汽荣威 E50 EV 整车控制器 VCU（81 针）电脑端子图如图 169-1 所示。

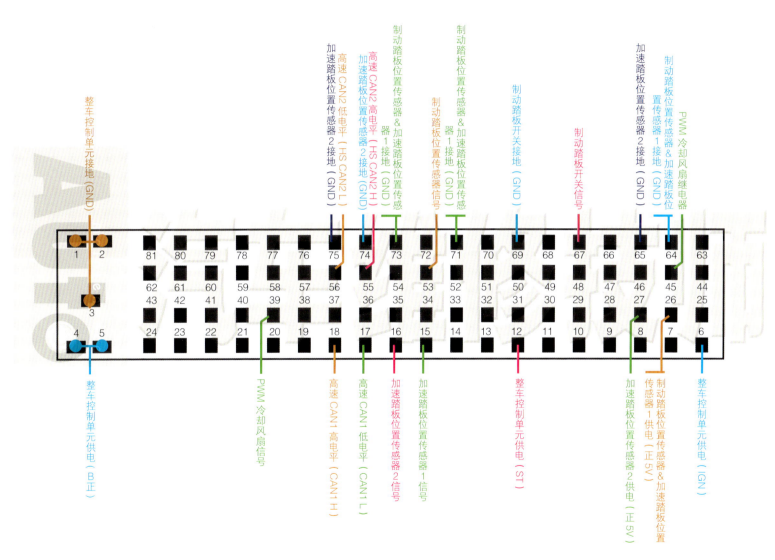

图 169-1

171

第 170 章 2016 年上汽荣威 e550 混动控制单元（81 针）电脑端子图

2016 年上汽荣威 e550 混动控制单元（81 针）电脑端子图如图 170-1 所示。

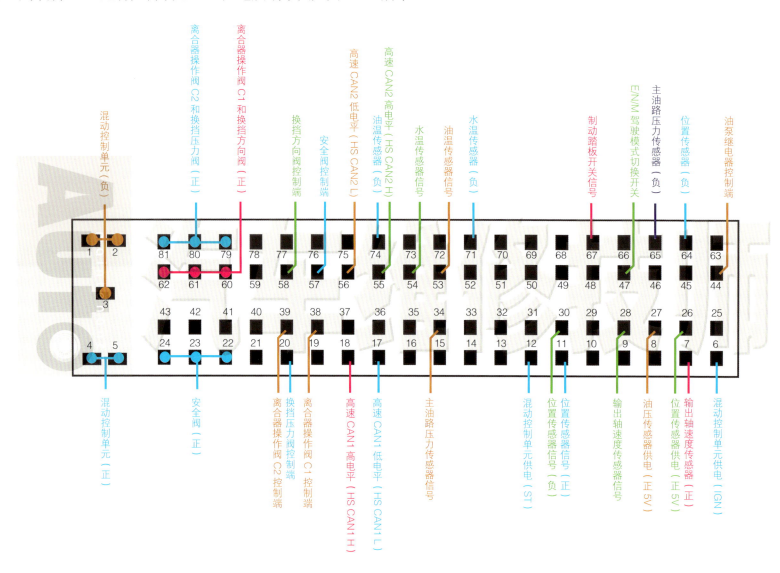

图 170-1

第 171 章　2020 年上汽荣威 ei6 PHEV 混动控制单元（81 针）电脑端子图

2020 年上汽荣威 ei6 PHEV 混动控制单元（81 针）电脑端子图如图 171-1 所示。

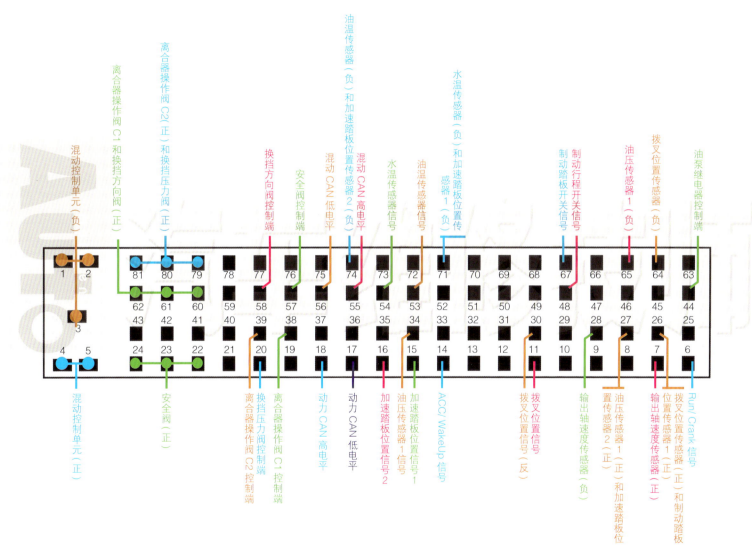

图 171-1

第 172 章　2020 年上汽荣威 ei6 PHEV 电驱动变速器（36 针）电脑端子图

2020 年上汽荣威 ei6 PHEV 电驱动变速器（36 针）电脑端子图如图 172-1 所示。

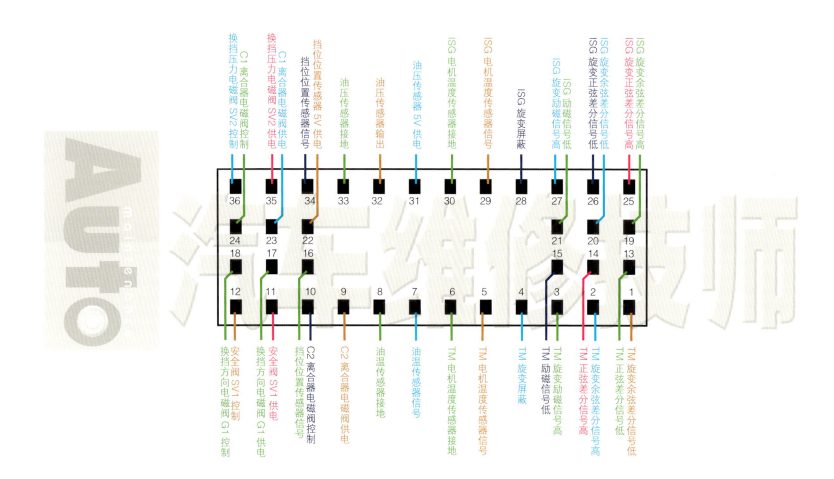

图 172–1

174

第 173 章 2017—2019 年上汽荣威 eRX5 新能源混动控制单元（81 针）电脑端子图

2017—2019 年上汽荣威 eRX5 新能源混动控制单元（81 针）电脑端子图如图 173-1 所示。

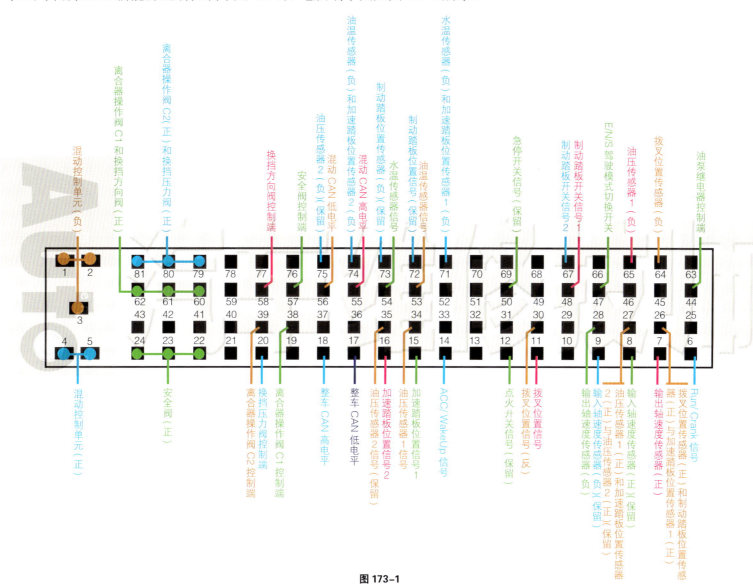

175

图 173-1

第 174 章 比亚迪 6DT25 6 挡干式双离合器变速器（11 针 +16 针）电脑端子图

（1）比亚迪 6DT25 6 挡干式双离合器变速器电控单元（11 针）电脑端子图如图 174-1 所示。

（2）比亚迪 6DT25 6 挡干式双离合器变速器电控单元电机电源模块（16 针）电脑端子图如图 174-2 所示。

176

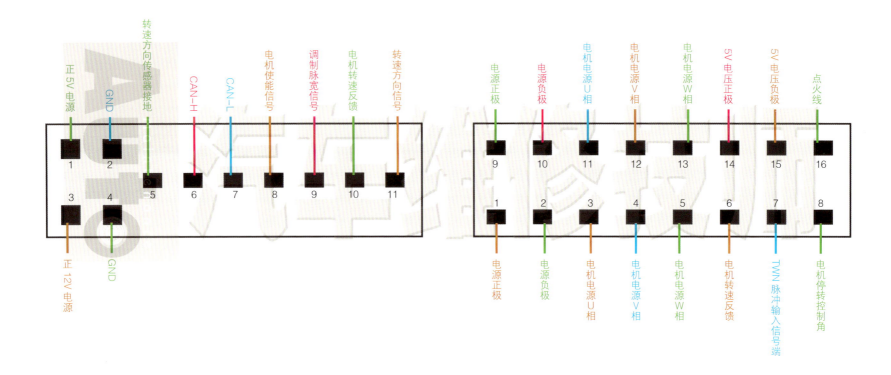

图 174-1

图 174-2

第 175 章　2010 年比亚迪 L3 VT2 CVT 无级变速器（94 针）电脑端子图

2010 年比亚迪 L3 VT2 CVT 无级变速器（94 针）电脑端子图如图 175-1 所示。

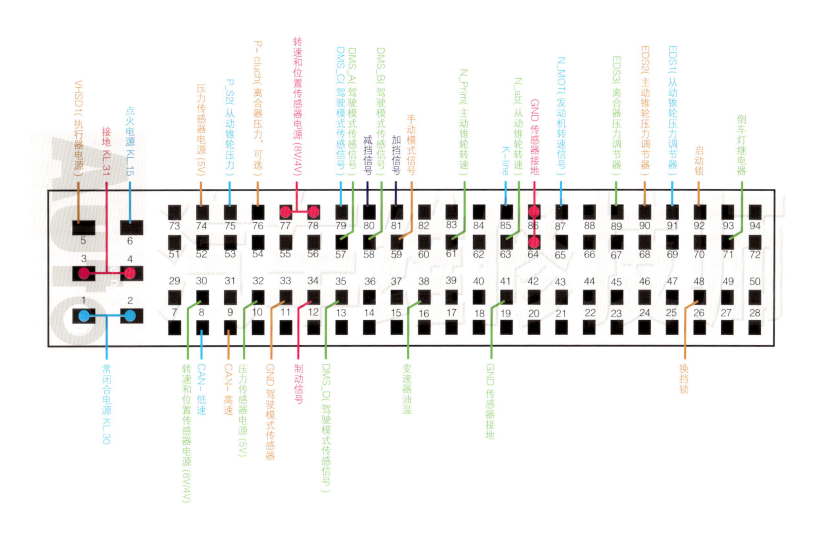

177

图 175-1

第 176 章 2014 年比亚迪 S7 6DT35 6 挡湿式双离合器变速器（36 针 +64 针）电脑端子图

2014 年比亚迪 S7 6DT35 6 挡湿式双离合器变速器 (36 针 +64 针) 电脑端子图如图 176-1 所示。

178

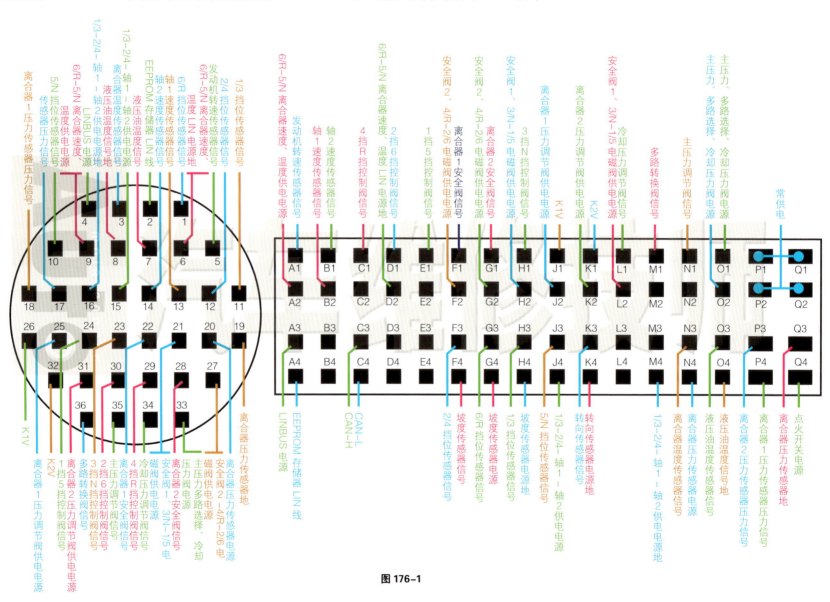

图 176-1

第 177 章　2016—2017 年比亚迪 e6 驱动电机控制器（24 针 +24 针）电脑端子图

2016—2017 年比亚迪 e6 驱动电机控制器（24 针 +24 针）电脑端子图如图 177-1 所示。

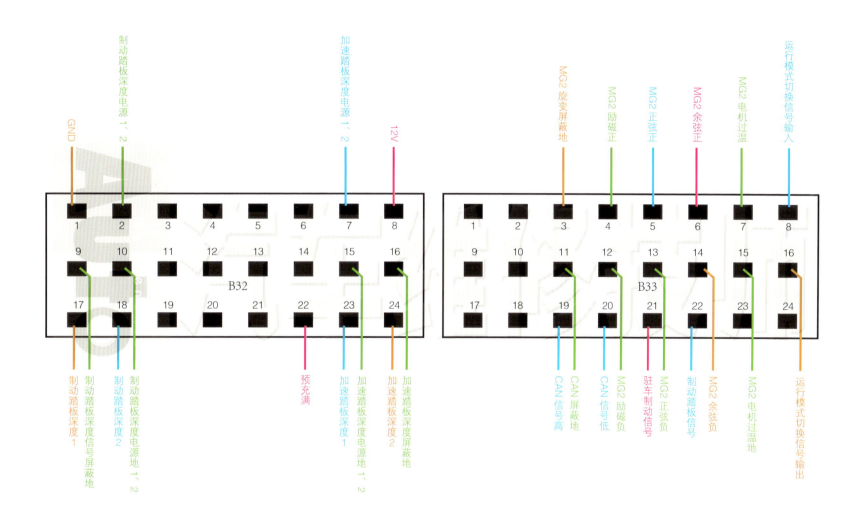

图 177-1

第 178 章　2014 年比亚迪秦新能源驱动电机控制器（62 针）电脑端子图

2014 年比亚迪秦新能源驱动电机控制器（62 针）电脑端子图如图 178-1 所示。

180

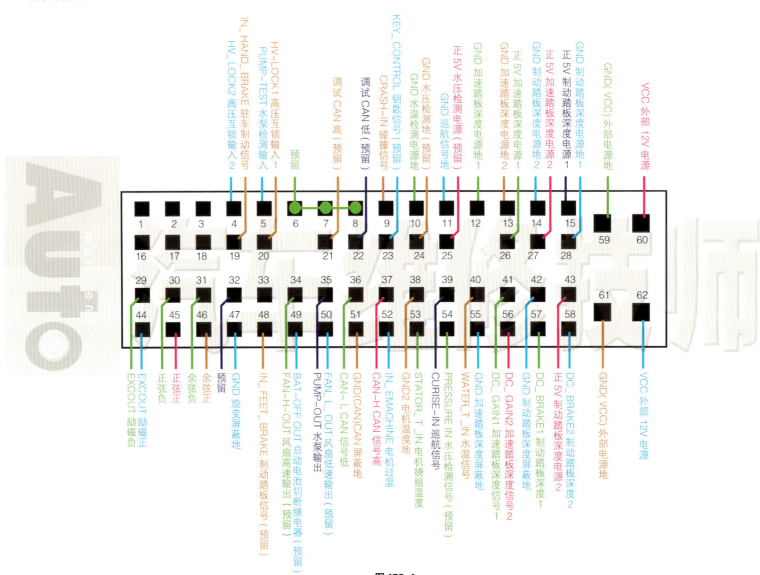

图 178-1

第 179 章 比亚迪唐 DM 新能源驱动电机控制器（62 针 +23 针）电脑端子图

（1）比亚迪唐 DM 新能源前驱电机控制器（62 针）电脑端子图如图 179-1 所示。

（2）比亚迪唐 DM 新能源后驱电机控制器（23 针）电脑端子图如图 179-2 所示。

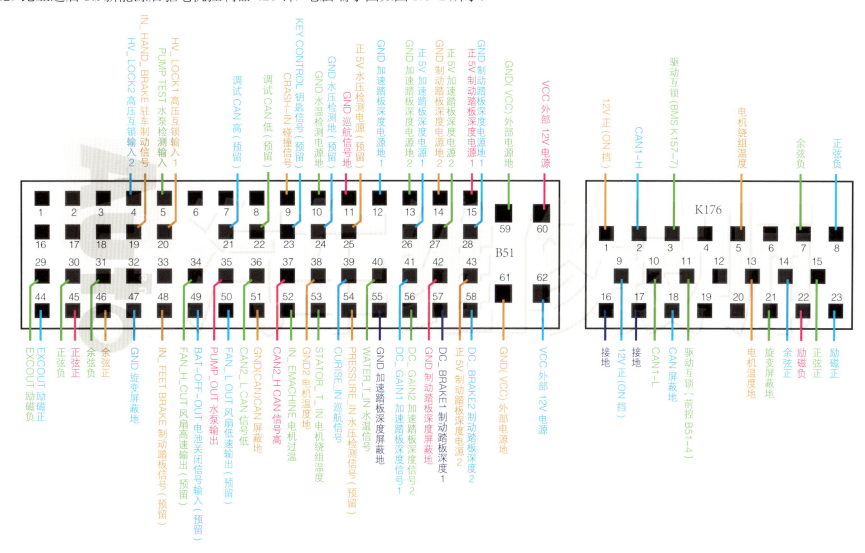

图 179-1

图 179-2

第 180 章　全新一代比亚迪唐 DM 新能源电机控制器（62 针 +23 针）电脑端子图

（1）全新一代比亚迪唐 DM 新能源前驱动电机控制器（62 针）电脑端子图如图 180-1 所示。

（2）全新一代比亚迪唐 DM 新能源后驱动电机控制器（23 针）电脑端子图如图 180-2 所示。

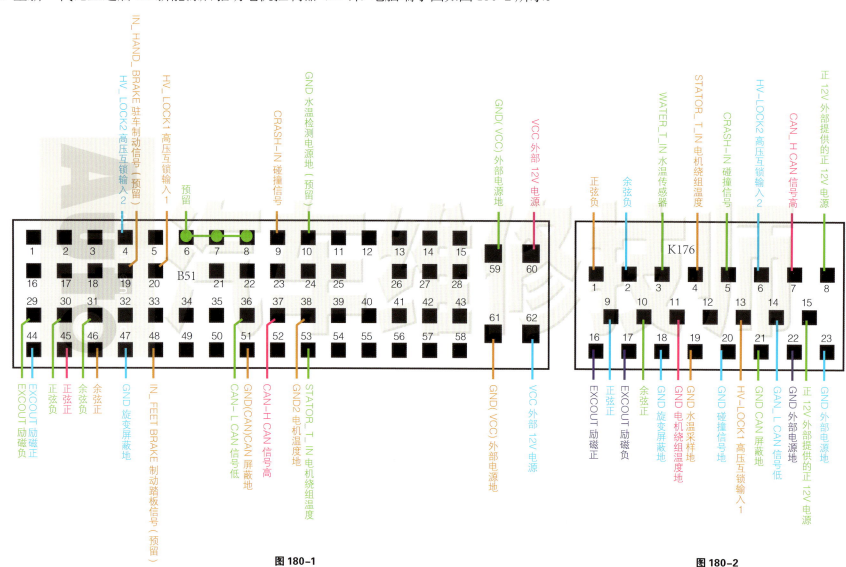

图 180-1　　　　　　　　　　　　　　　　　**图 180-2**

第 181 章　2018 年比亚迪元 EV360 高压电控总成（64 针 +33 针）电脑端子图

2018 年比亚迪元 EV360 高压电控总成（64 针 +33 针）电脑端子图如图 181-1 所示。

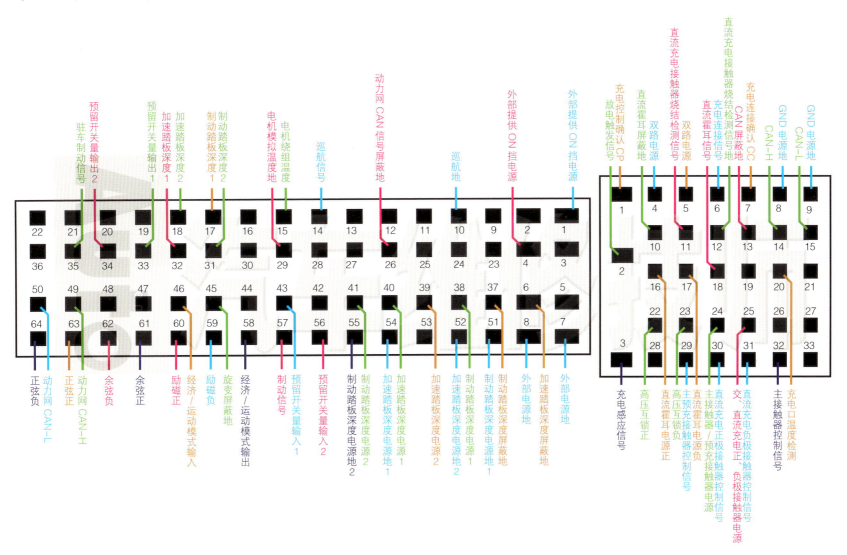

图 181-1

第 182 章　比亚迪 e5 高压电控总成控制器（64 针 +33 针）电脑端子图

比亚迪 e5 高压电控总成控制器（64 针 +33 针）电脑端子图如图 182-1 所示。

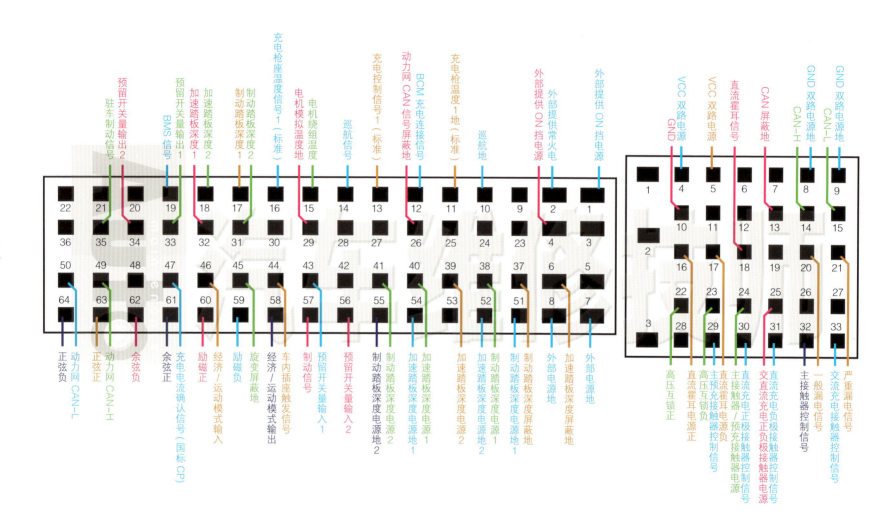

图 182-1

第 183 章　2016 年北汽 BJ20 VT3 无级变速器（48 针 +16 针）电脑端子图

2016 年北汽 BJ20 VT3 无级变速器（48 针 +16 针）电脑端子图如图 183-1 所示。

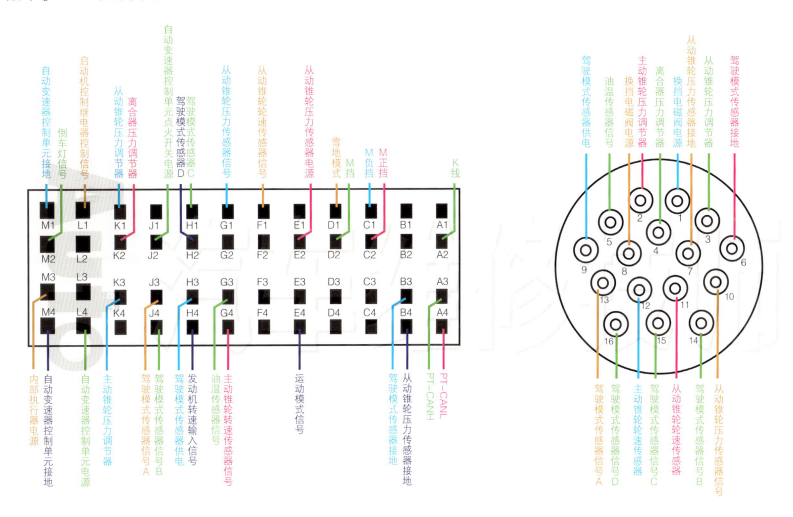

图 183-1

185

第 184 章　北汽 TB60 6 挡自动变速器（35 针 +21 针）电脑端子图

北汽 TB60 6 挡自动变速器（35 针 +21 针）电脑端子图如图 184-1 所示。

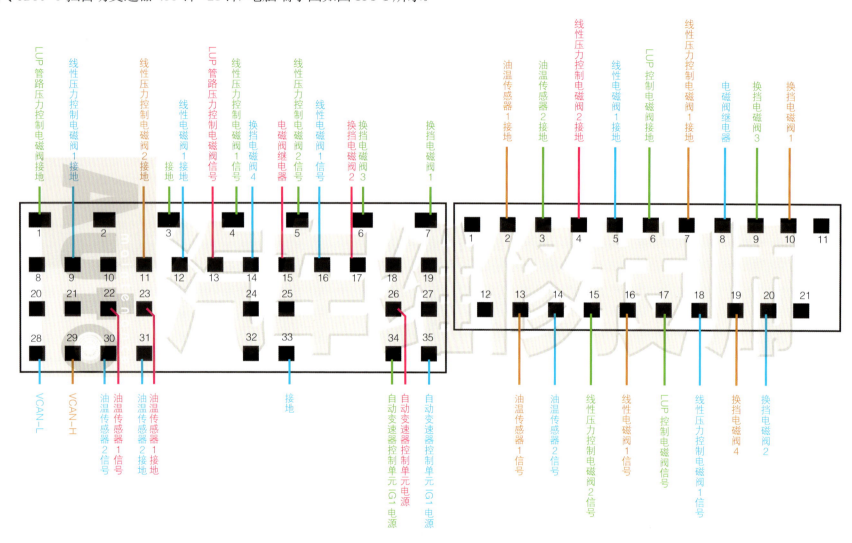

图 184-1

186

第 185 章　2018 年北汽 EC3 整车控制器（VCU）（81 针 +40 针）电脑端子图

2018 年北汽 EC3 整车控制器（VCU）（81 针 +40 针）电脑端子图如图 185-1 所示。

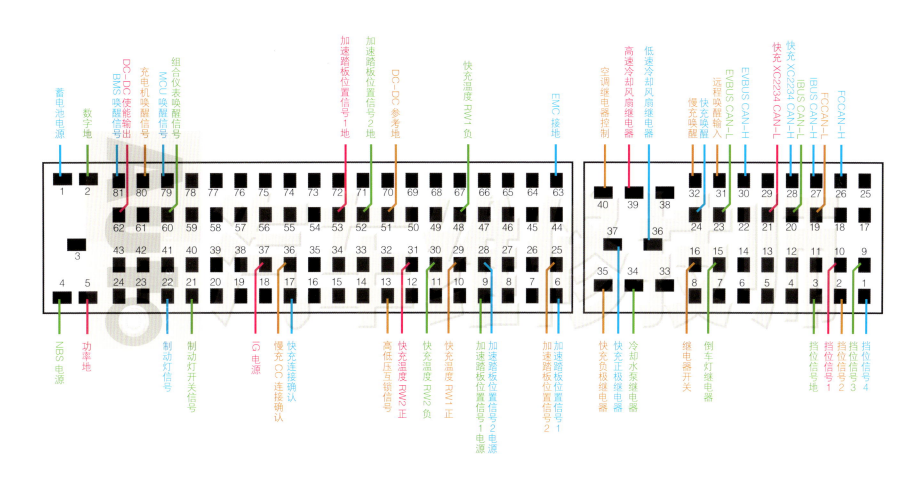

187

图 185-1

第 186 章 2017 年北汽 EU220/260/300/400 电力电子箱（PEU）（35 针）电脑端子图

2017 年北汽 EU220/260/300/400 电力电子箱（PEU）（35 针）电脑端子图如图 186-1 所示。

188

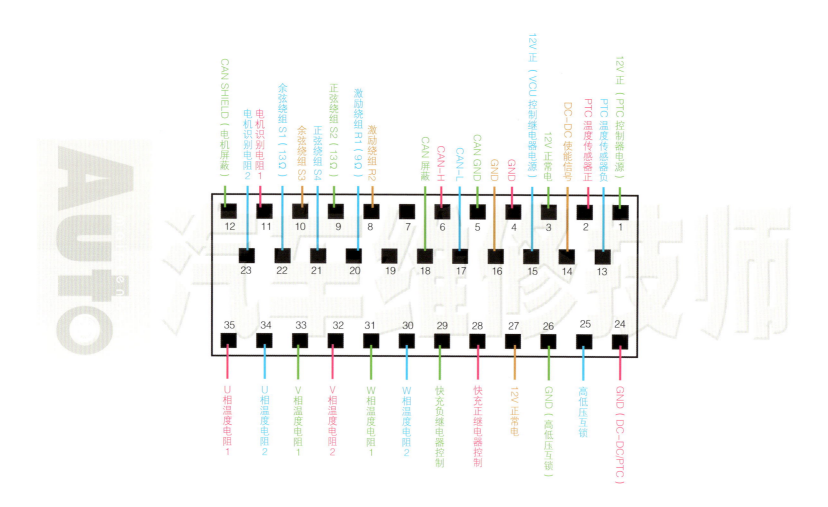

图 186-1

第 187 章　北汽 EU220/EU260/EU5 电机控制器电脑端子图

(1) 北汽 EU5 电机控制器 (48 针) 电脑端子图如图 187-1 所示。

(2) 北汽 EU220/EU260 电机控制器 (35 针) 电脑端子图如图 187-2 所示。

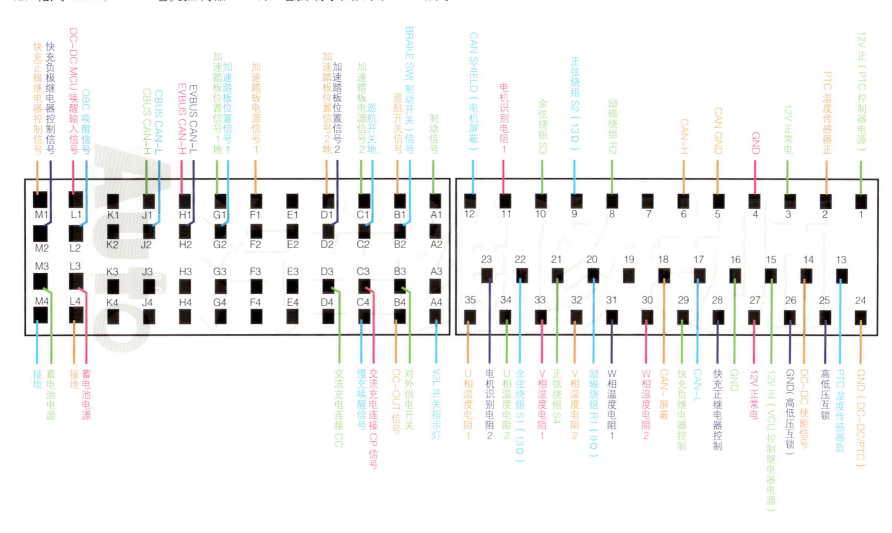

图 187-1　　　　　　　　　　　　　　　　　　　　　　　　　图 187-2

189

第 188 章　2015—2016 年北汽 EV160/EV200 驱动电机控制器（35 针）电脑端子图

2015—2016 年北汽 EV160/EV200 驱动电机控制器（35 针）电脑端子图如图 188-1 所示。

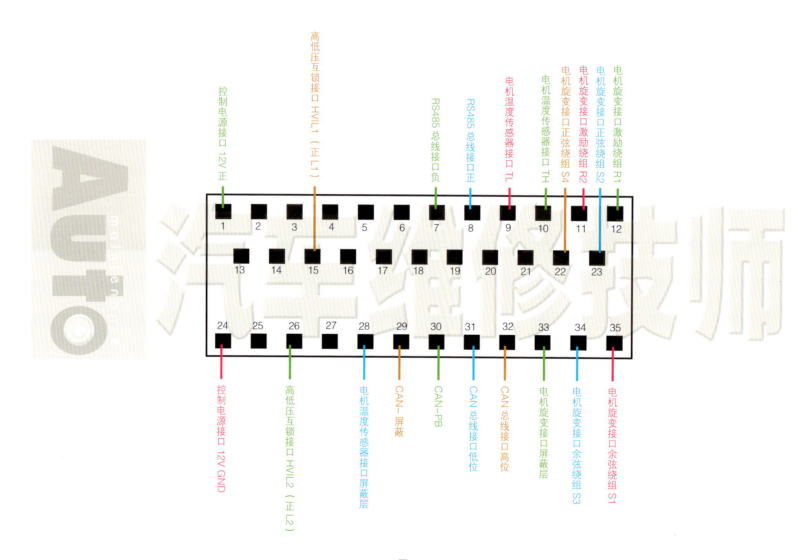

图 188-1

190

第 189 章　2017 年北汽 EX220/260 驱动电机控制器（PDU）（35 针）电脑端子图

2017 年北汽 EX220/260 驱动电机控制器（PDU）（35 针）电脑端子图如图 189-1 所示。

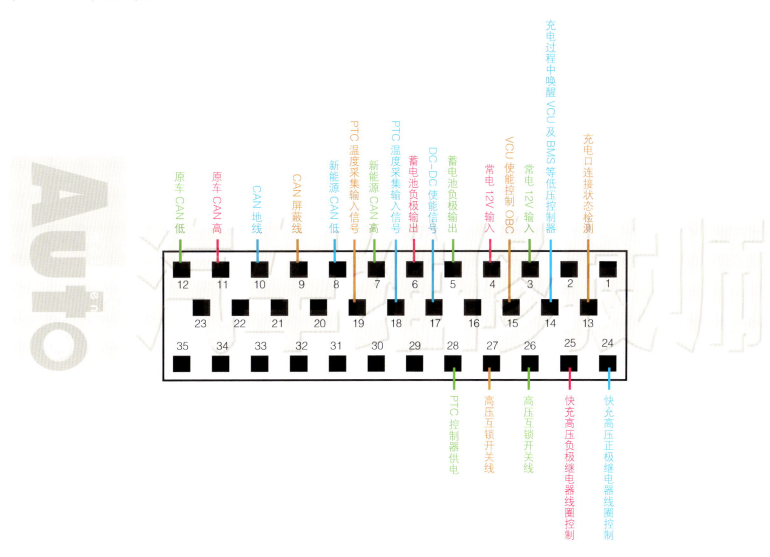

图 189-1

第 190 章　2012 年北汽绅宝 D 系列 55-51SN 5 挡自动变速器（24 针 +26 针 +16 针）电脑端子图

2012 年北汽绅宝 D 系列 55-51SN 5 挡自动变速器（24 针 +26 针 +16 针）电脑端子图如图 190-1 所示。

192

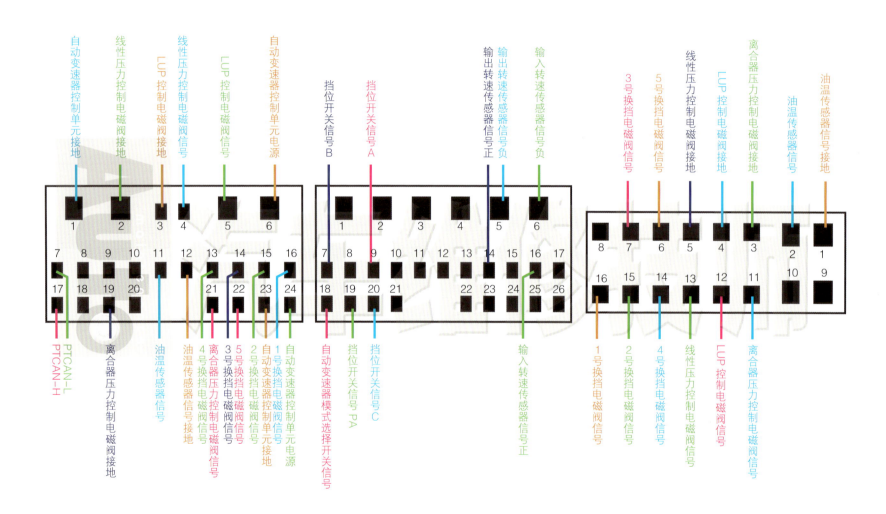

图 190-1

第 191 章　2016 年北汽绅宝 X35 TS-41SN 4 挡自动变速器（26 针 +24 针 +13 针）电脑端子图

2016 年北汽绅宝 X35 TS-41SN 4 挡自动变速器（26 针 +24 针 +13 针）电脑端子图如图 191-1 所示。

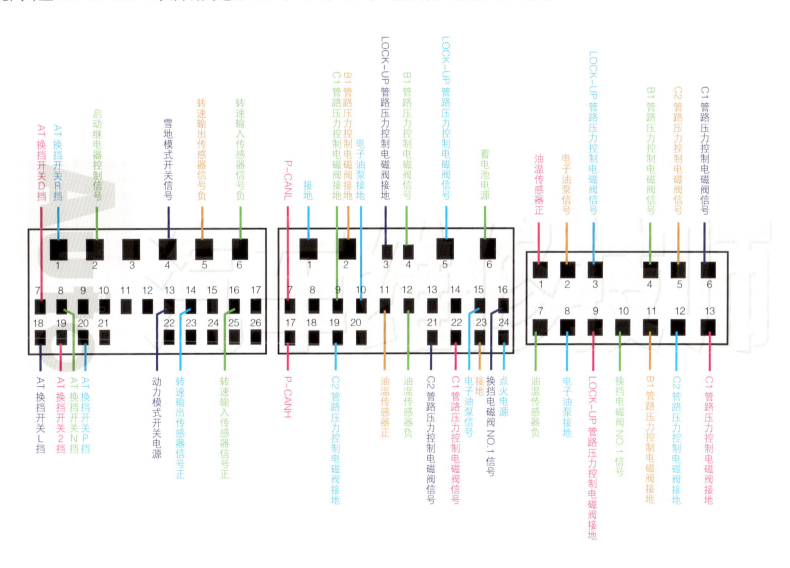

图 191-1

第 192 章　2015 年北汽绅宝 X65 TF-80SC 6 挡自动变速器（16 针 +22 针）电脑端子图

2015 年北汽绅宝 X65 TF-80SC 6 挡自动变速器（16 针 +22 针）电脑端子图如图 192-1 所示。

194

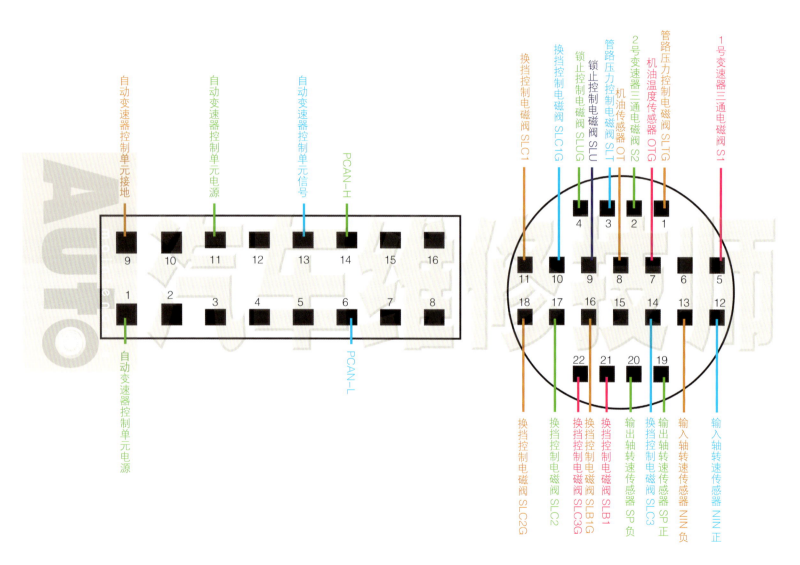

图 192-1

第 193 章　2016 年广汽传祺 GS4 G-DCT 7 挡干式双离合器变速器（50 针）电脑端子图

2016 年广汽传祺 GS4 G-DCT 7 挡干式双离合器变速器（50 针）电脑端子图如图 193-1 所示。

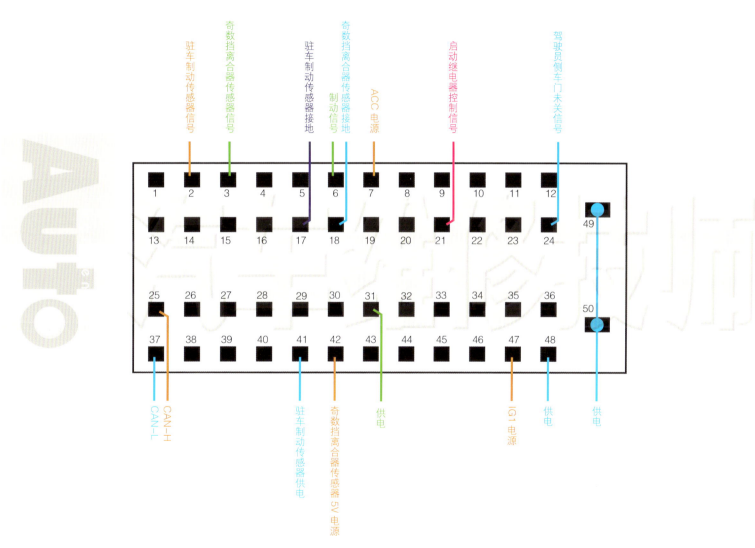

图 193-1

第 194 章　2012 年广汽传祺 GS5 55-51SN 5 挡自动变速器（24 针 +26 针）电脑端子图

2012 年广汽传祺 GS5 55-51SN 5 挡自动变速器（24 针 +26 针）电脑端子图如图 194-1 所示。

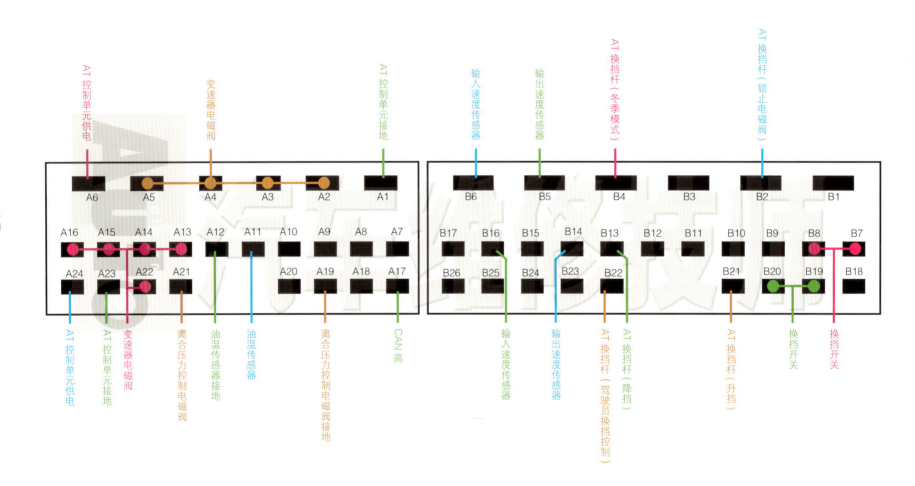

196

图 194-1

第 195 章 2017 年广汽传祺 GA8 6 挡自动变速器（16 针）电脑端子图

2017 年广汽传祺 GA8 6 挡自动变速器（16 针）电脑端子图如图 195-1 所示。

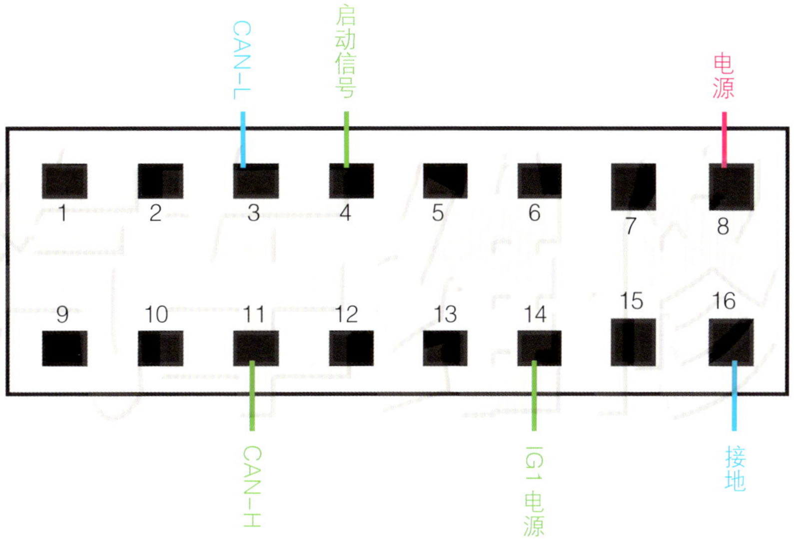

197

图 195-1

第 196 章　2016 年广汽传祺 GA5 PHEV 整车控制器（73 针 +73 针）电脑端子图

2016 年广汽传祺 GA5 PHEV 整车控制器（73 针 +73 针）电脑端子图如图 196-1 所示。

198

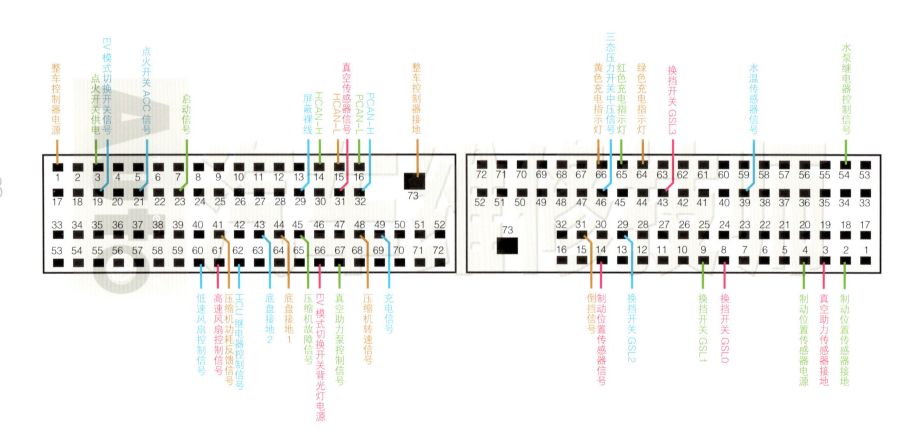

图 196-1

第 197 章　广汽传祺 GE3 EV 整车控制单元（73 针 +73 针）电脑端子图

广汽传祺 GE3 EV 整车控制单元（73 针 +73 针）电脑端子图如图 197-1 所示。

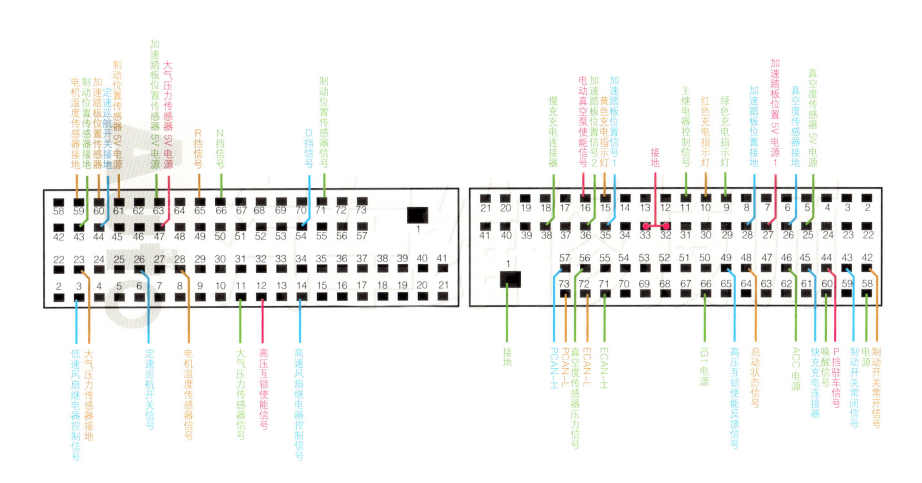

图 197-1

199

第 198 章　广汽传祺 GE3 EV 驱动电机控制单元（35 针）电脑端子图

广汽传祺 GE3 EV 驱动电机控制单元（35 针）电脑端子图如图 198-1 所示。

200

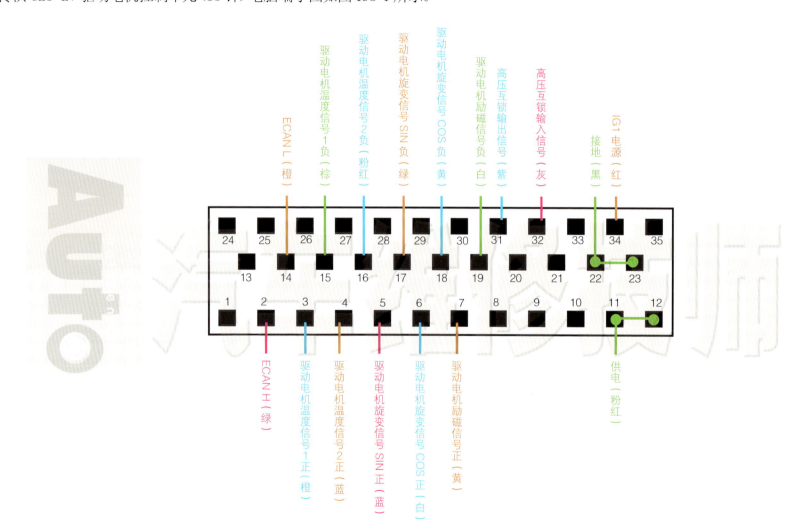

图 198-1

第 199 章　2014 年吉利豪情 GX9 DSI575F6 6 挡自动变速器电脑端子图

2014 年吉利豪情 GX9 DSI575F6 6 挡自动变速器（16 针 +12 针 +20 针 +26 针 +6 针）电脑端子图如图 199-1 所示。

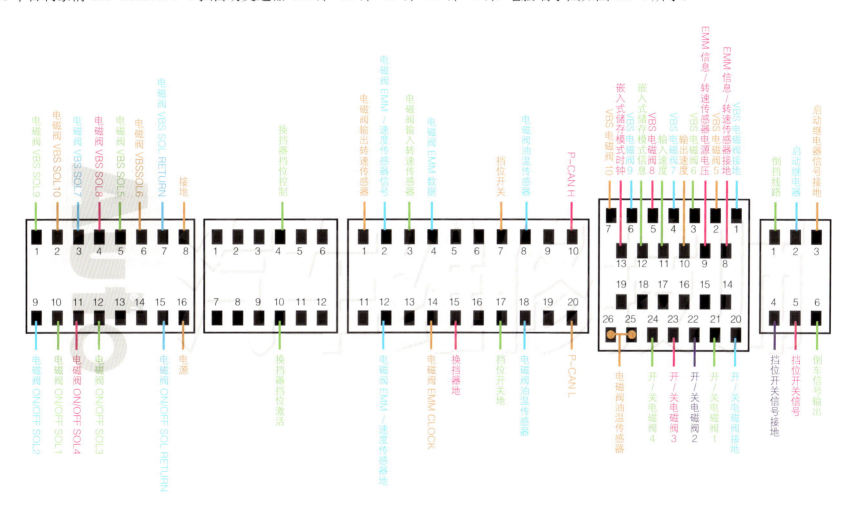

图 199-1

第 200 章　2017 年吉利远景 X1 4AT-2B 4 挡自动变速器（64 针）电脑端子图

2017 年吉利远景 X1 4AT-2B 4 挡自动变速器（64 针）电脑端子图如图 200-1 所示。

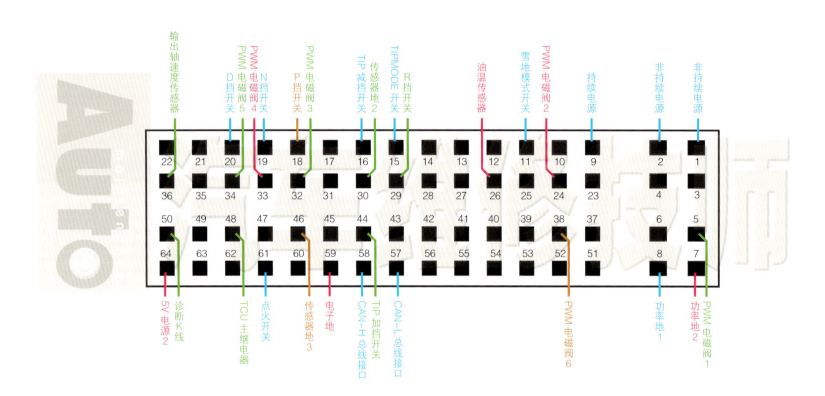

图 200-1

第 201 章　2017 年吉利远景 X1 AMT 自动变速器（48 针）电脑端子图

2017 年吉利远景 X1 AMT 自动变速器（48 针）电脑端子图如图 201-1 所示。

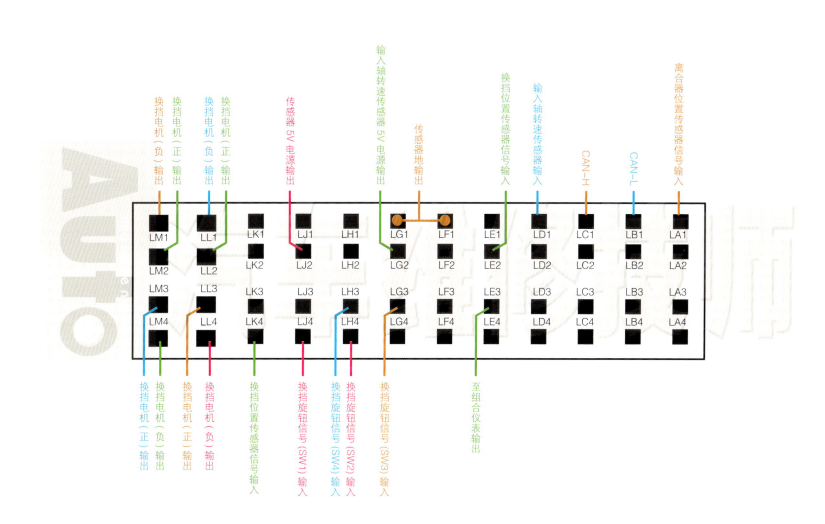

图 201-1

第 202 章　2016 年吉利远景 X6 VT2 无级变速器（48 针 +16 针）电脑端子图

2016 年吉利远景 X6 VT2 无级变速器 (48 针 +16 针) 电脑端子图如图 202-1 所示。

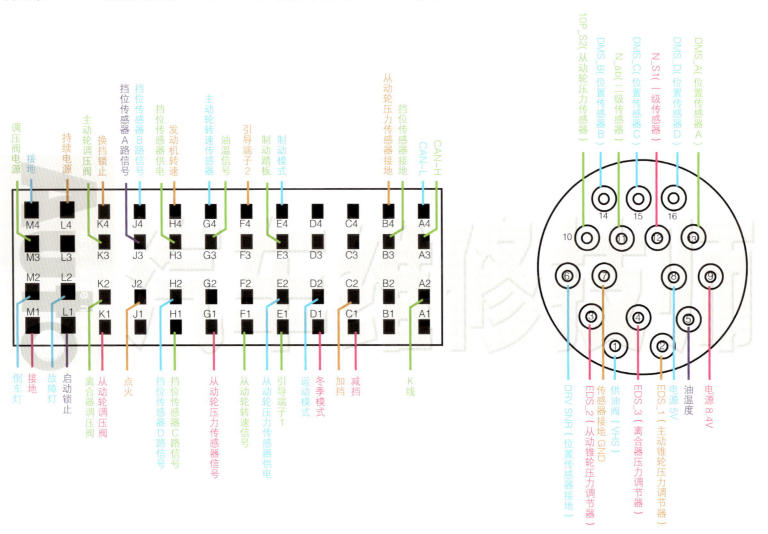

图 202-1

第 203 章　2017—2018 年吉利帝豪新能源 EV300/EV450 驱动电机控制器（28 针）电脑端子图

2017—2018 年吉利帝豪新能源 EV300/EV450 驱动电机控制器（28 针）电脑端子图如图 203-1 所示。

205

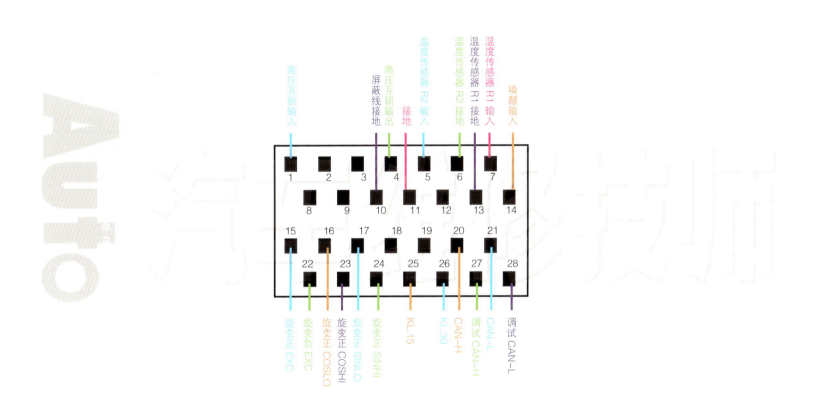

图 203-1

第 204 章　2018 年吉利帝豪 GSe 驱动电机控制器（28 针）电脑端子图

2018 年吉利帝豪 GSe 驱动电机控制器（28 针）电脑端子图如图 204-1 所示。

206

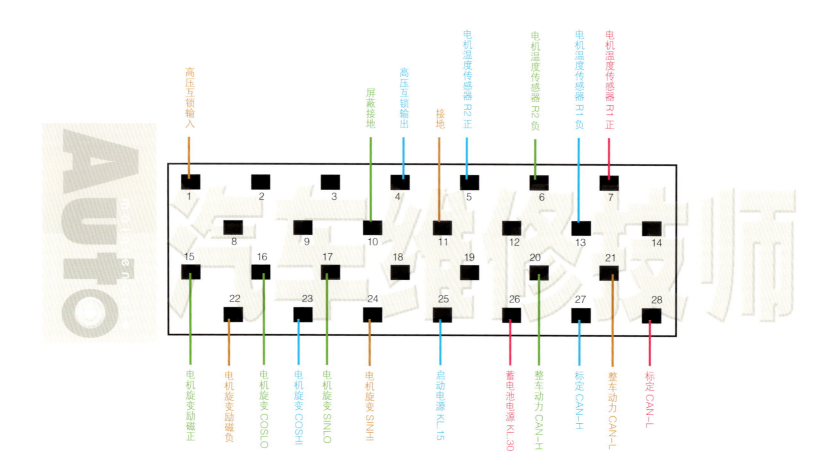

图 204-1

第 205 章　2016 年吉利帝豪新能源驱动电机控制器（28 针 +48 针）电脑端子图

2016 年吉利帝豪新能源驱动电机控制器（28 针 +48 针）电脑端子图如图 205-1 所示。

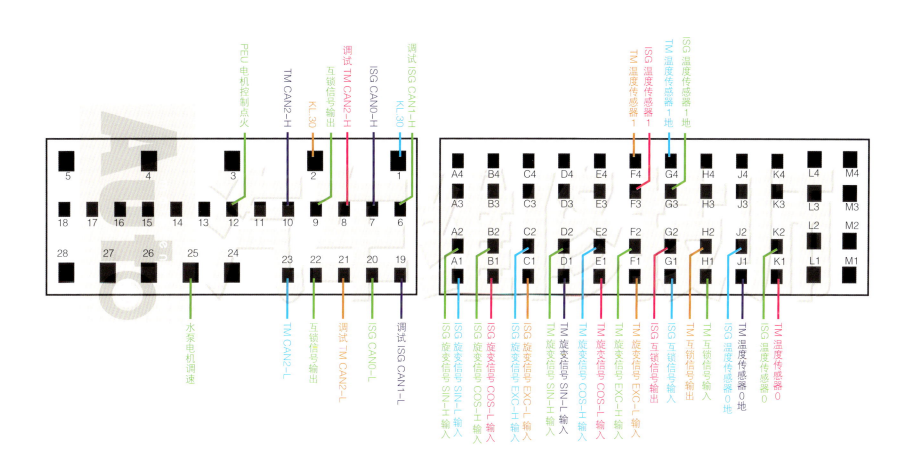

图 205-1

第 206 章 2018 年吉利博瑞 GE PHEV 驱动电机控制器（20 针）电脑端子图

2018 年吉利博瑞 GE PHEV 驱动电机控制器（20 针）电脑端子图如图 206-1 所示。

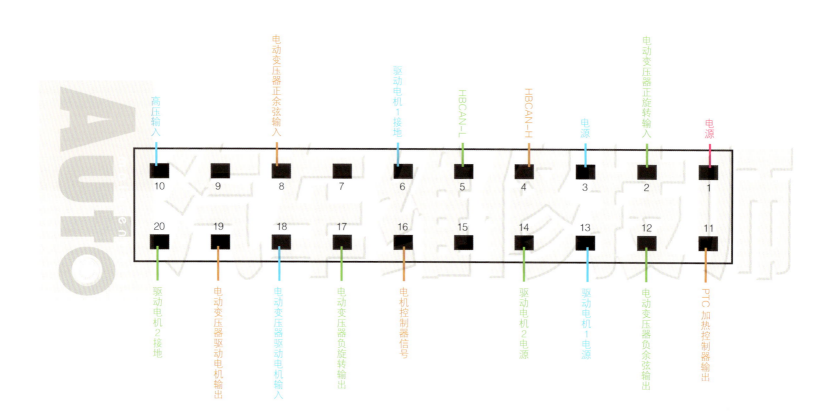

上排端子说明（从左到右）：
- 10 高压输入
- 9
- 8 电动变压器正余弦输入
- 7
- 6 驱动电机1接地
- 5 HBCAN-L
- 4 HBCAN-H
- 3 电源
- 2 电动变压器正旋转输入
- 1 电源

下排端子说明（从左到右）：
- 20 驱动电机2接地
- 19 电动变压器驱动电机输出
- 18 电动变压器驱动电机输入
- 17 电动变压器负旋转输出
- 16 电机控制器信号
- 15
- 14 驱动电机2电源
- 13 驱动电机1电源
- 12 电动变压器负余弦输出
- 11 PTC加热控制器输出

图 206-1

第 207 章　2018 年吉利博瑞 GE PHEV 整车控制器（VCU）（130 针）电脑端子图

2018 年吉利博瑞 GE PHEV 整车控制器（VCU）（130 针）电脑端子图如图 207-1 所示。

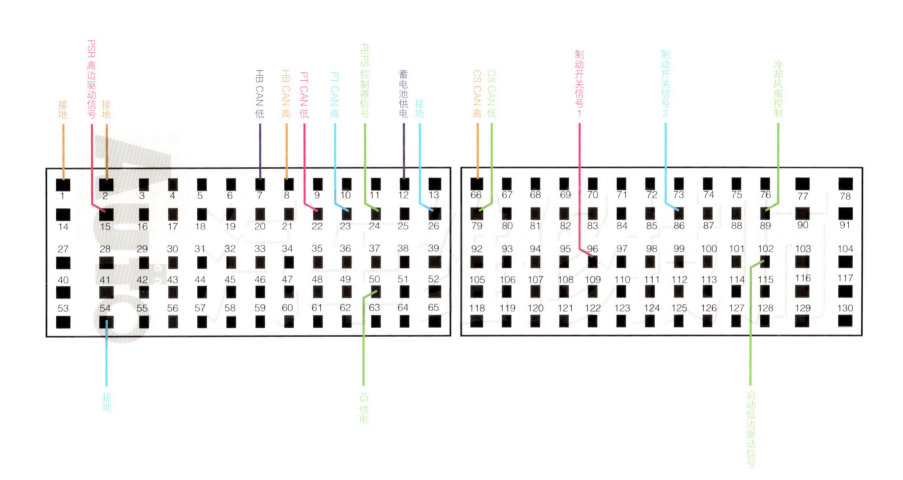

图 207-1

209

第 208 章　奇瑞 5F25 自动变速器（90 针）电脑端子图

奇瑞 5F25 自动变速器（90 针）电脑端子图如图 208-1 所示。

210

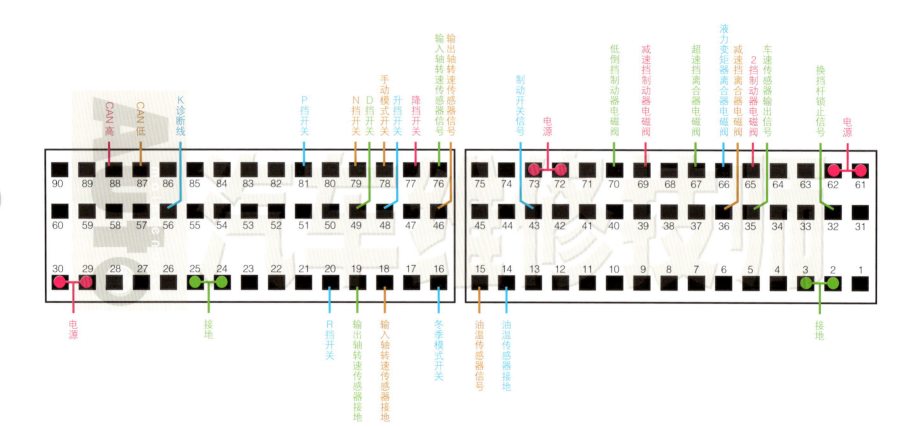

图 208-1

第 209 章　奇瑞 QR019CH 无级变速器（56 针）电脑端子图

奇瑞 QR019CH 无级变速器（56 针）电脑端子图如图 209-1 所示。

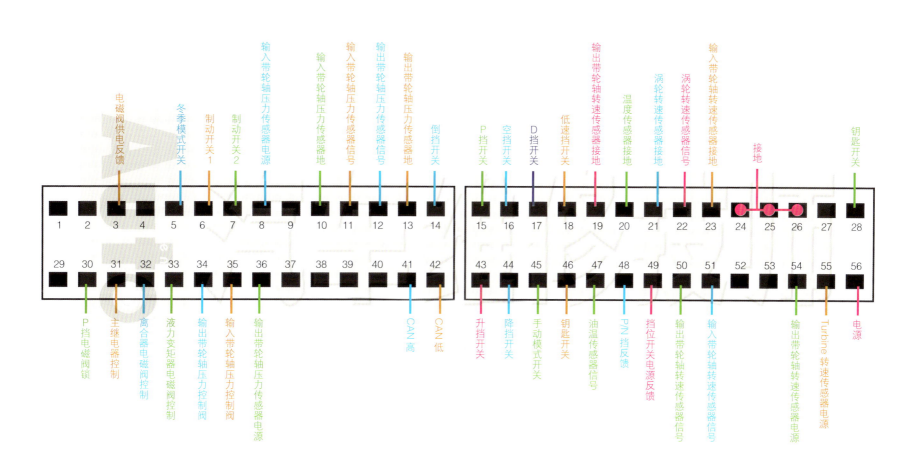

图 209-1

第 210 章　奇瑞 EQ1 EV 电机控制器与驱动电机（23 针 +10 针）电脑端子图

奇瑞 EQ1 EV 电机控制器与驱动电机（23 针 +10 针）电脑端子图如图 210-1 所示。

212

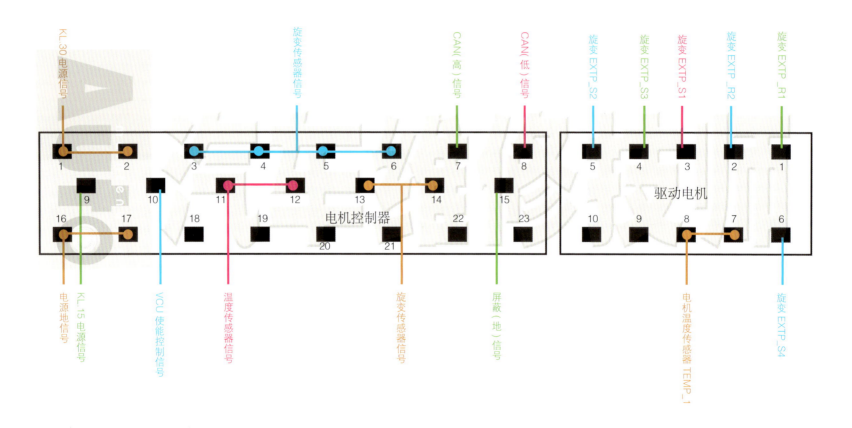

图 210-1

第 211 章　奇瑞 EQ1 EV 整车控制器（VCU）（81 针）电脑端子图

奇瑞 EQ1 EV 整车控制器（VCU）（81 针）电脑端子图如图 211-1 所示。

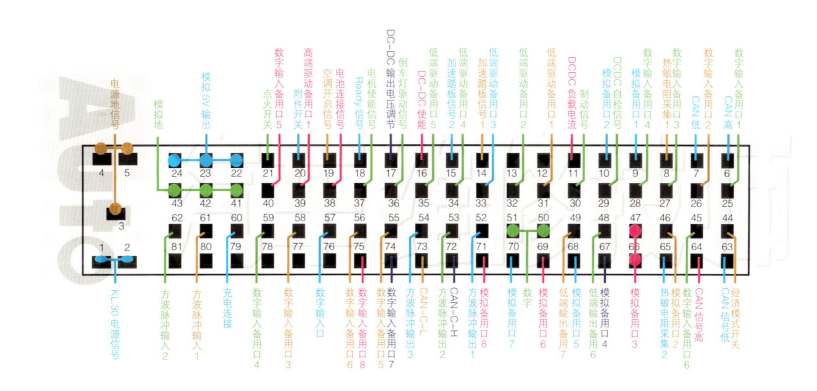

213

图 211-1

第 212 章　2016 年艾瑞泽 7e PHEV 电机控制器（39 针）电脑端子图

2016 年艾瑞泽 7e PHEV 电机控制器（39 针）电脑端子图如图 212-1 所示。

214

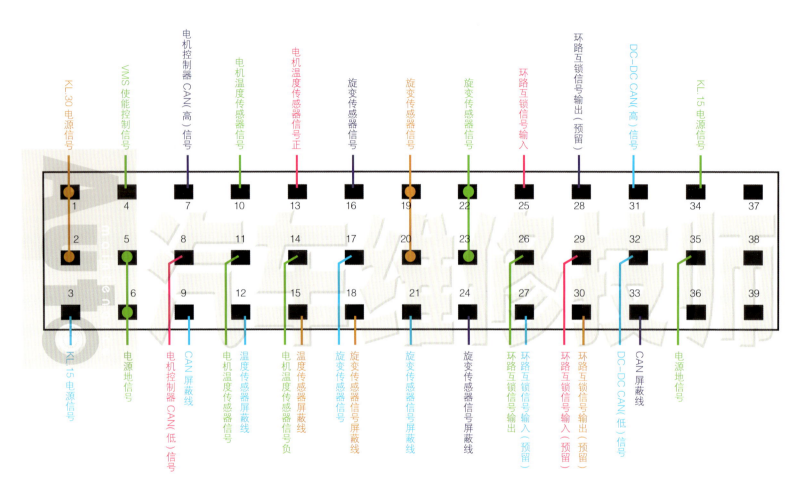

图 212-1

第 213 章　2016 年艾瑞泽 7e PHEV 无级变速器控制单元（56 针）电脑端子图

2016 年艾瑞泽 7e PHEV 无级变速器控制单元（56 针）电脑端子图如图 213-1 所示。

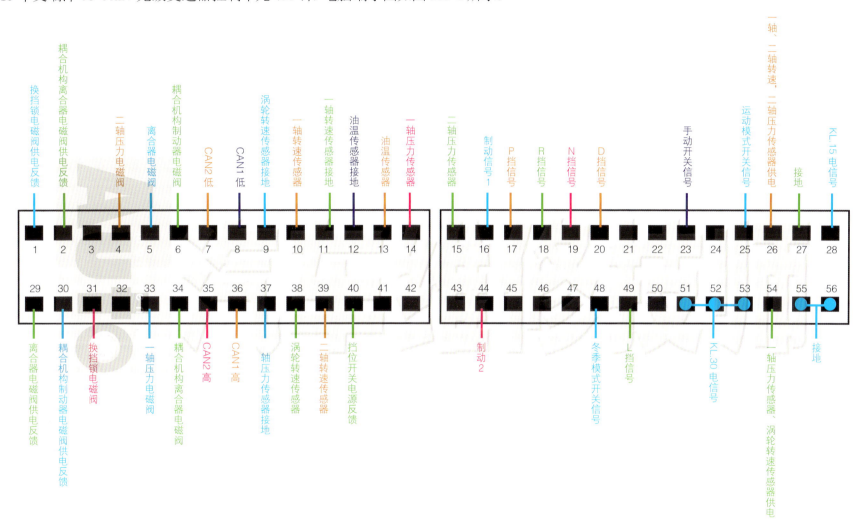

图 213-1

215

第 214 章 2016 年艾瑞泽 7e PHEV 车辆控制器（HCU）（81 针）电脑端子图

2016 年艾瑞泽 7e PHEV 车辆控制器（HCU）（81 针）电脑端子图如图 214-1 所示。

216

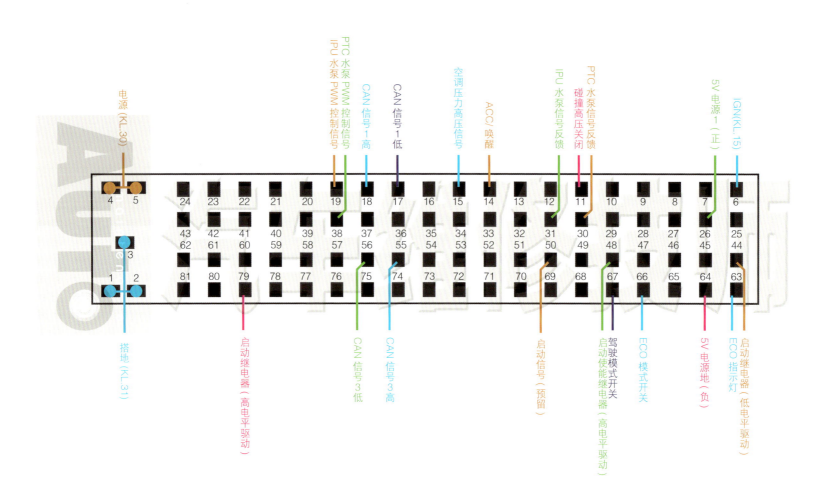

图 214-1

第 215 章　2018—2021 年奇瑞瑞虎 3xe 驱动电机与电机控制器（10 针 +23 针）电脑端子图

2018—2021 年奇瑞瑞虎 3xe 驱动电机与电机控制器（10 针 +23 针）电脑端子图如图 215-1 所示。

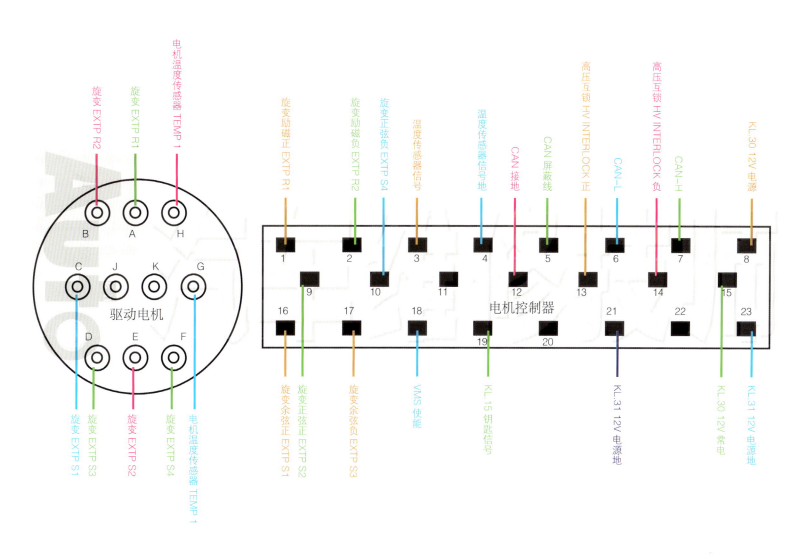

图 215-1

第 216 章　2017 年长城哈弗 H6 7DCT300 7 挡双离合器变速器（67 针 +58 针）电脑端子图

2017 年长城哈弗 H6 7DCT300 7 挡双离合器变速器 (67 针 +58 针) 电脑端子图如图 216-1 所示。

218

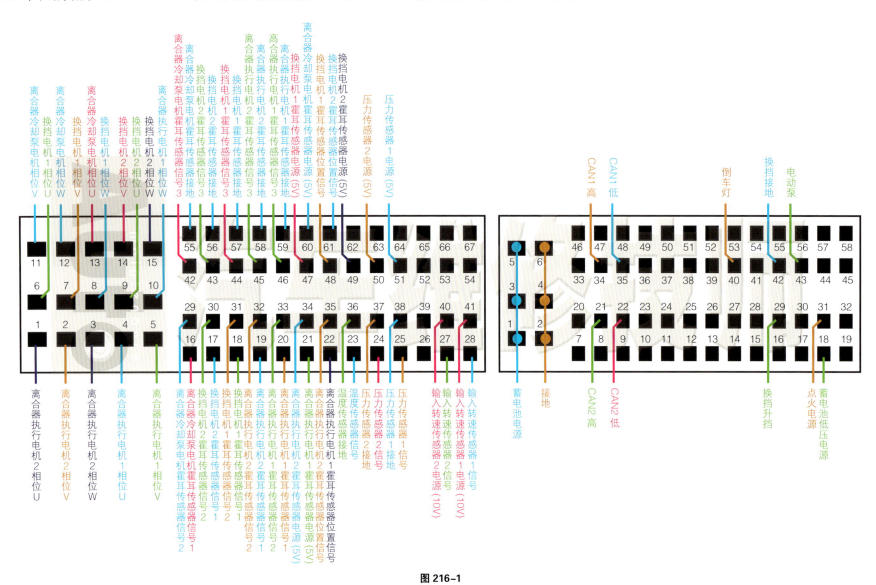

图 216-1

第 217 章　2016 年长城哈弗 H6 6F24 6 挡自动变速器（94 针 +18 针）电脑端子图

2016 年长城哈弗 H6 6F24 6 挡自动变速器（94 针 +18 针）电脑端子图如图 217-1 所示。

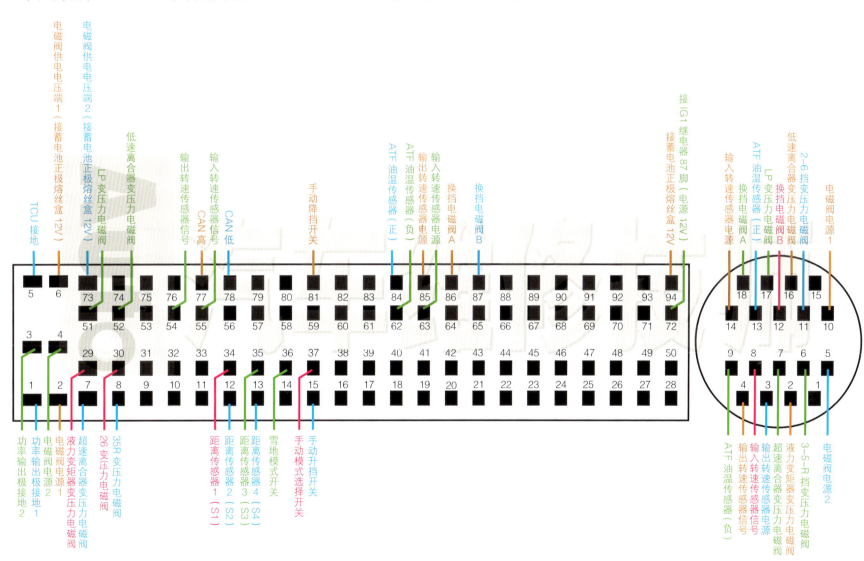

图 217-1

第 218 章 2010 年长城腾翼 C30 VT2-11D 无级变速器（94 针）电脑端子图

2010 年长城腾翼 C30 VT2-11D 无级变速器（94 针）电脑端子图如图 218-1 所示。

220

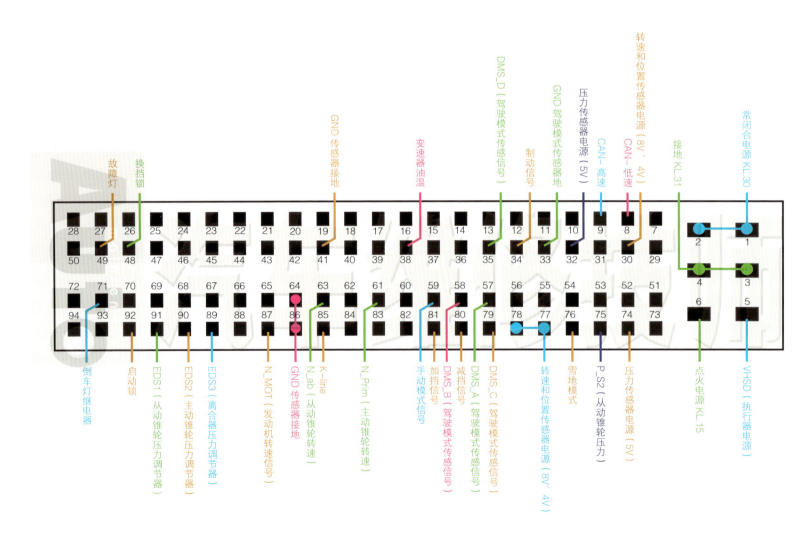

图 218-1

第 219 章　2017 年长城 C30 EV 驱动电机控制器和驱动电机（28 针 +12 针）电脑端子图

2017 年长城 C30 EV 驱动电机控制器和驱动电机（28 针 +12 针）电脑端子图如图 219-1 所示。

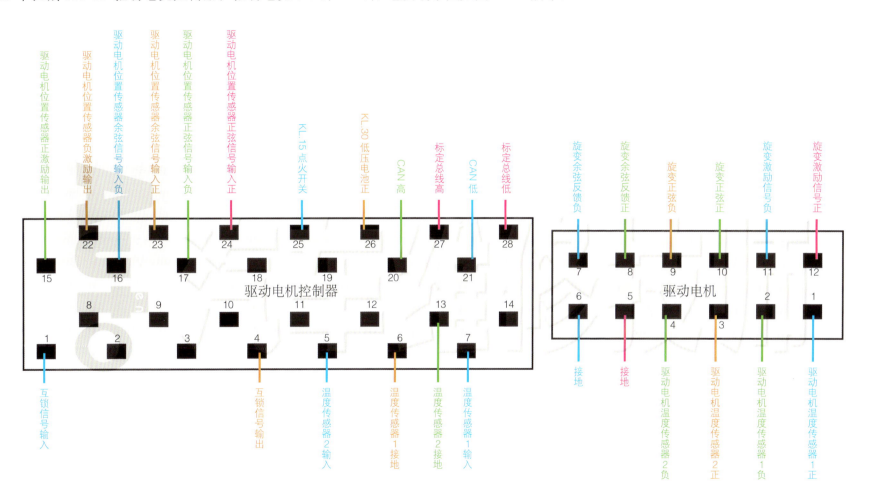

图 219-1

221

第 220 章　2017 年长城魏派 GW7DCT1-A01 7 挡双离合器变速器（68 针）电脑端子图

2017 年长城魏派 GW7DCT1-A01 7 挡双离合器变速器 (68 针) 电脑端子图如图 220-1 所示。

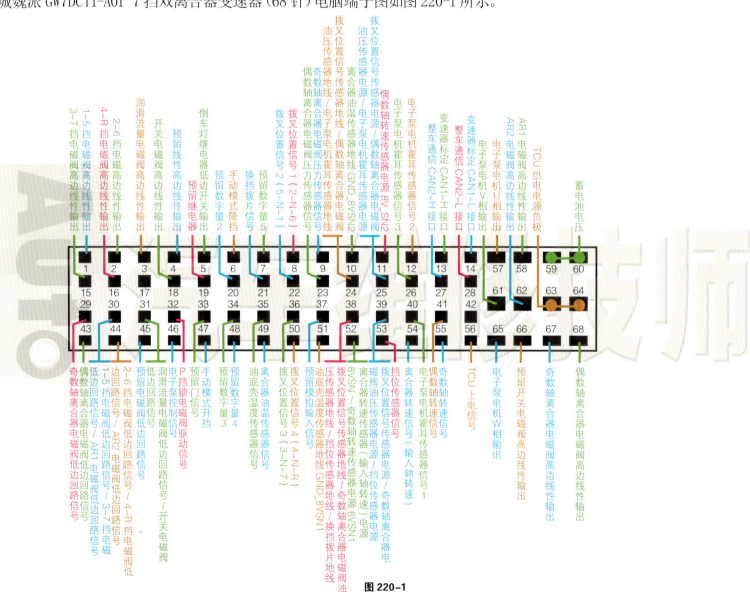

图 220-1

第 221 章　2018 年长城魏派 P8 PHEV 电机控制器（28 针）电脑端子图

2018 年长城魏派 P8 PHEV 电机控制器（28 针）电脑端子图如图 221-1 所示。

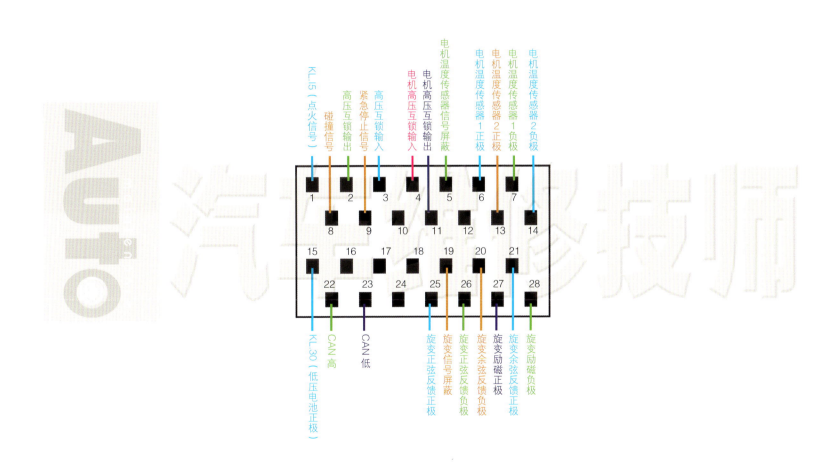

图 221-1

223

第 222 章　2017 年众泰 T300 VT2/VT3 无级变速器（48 针）电脑端子图

2017 年众泰 T300 VT2/VT3 无级变速器（48 针）电脑端子图如图 222-1 所示。

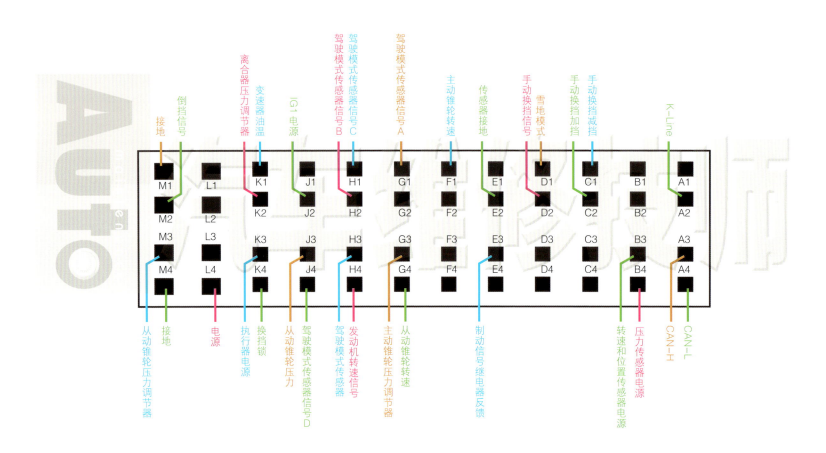

图 222-1

第 223 章　2018 年众泰 T500 A6F5A621PL 6 挡自动变速器（81 针 +26 针 +10 针）电脑端子图

2018 年众泰 T500 A6F5A621PL 6 挡自动变速器（81 针 +26 针 +10 针）电脑端子图如图 223-1 所示。

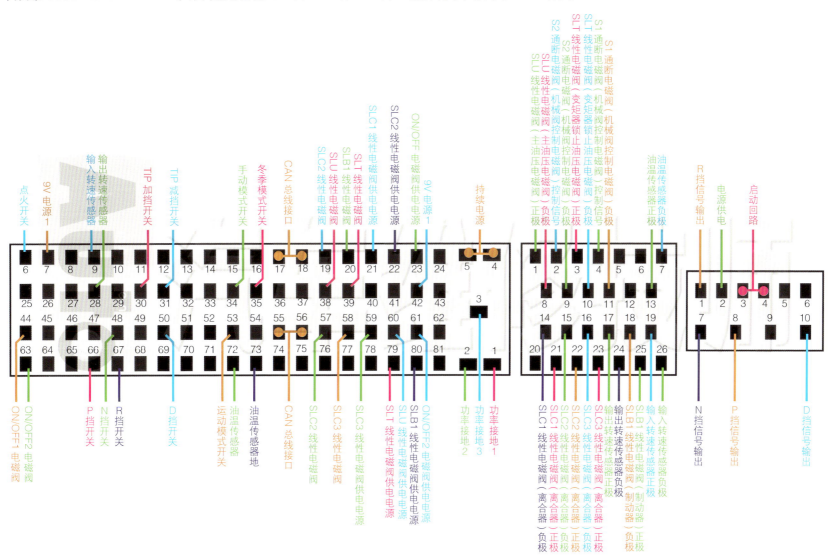

图 223-1

第 224 章　2018 年众泰 T600 DCT360C 6 挡湿式双离合器变速器（81 针 +36 针）电脑端子图

2018 年众泰 T600 DCT360C 6 挡湿式双离合器变速器（81 针 +36 针）电脑端子图如图 224-1 所示。

226

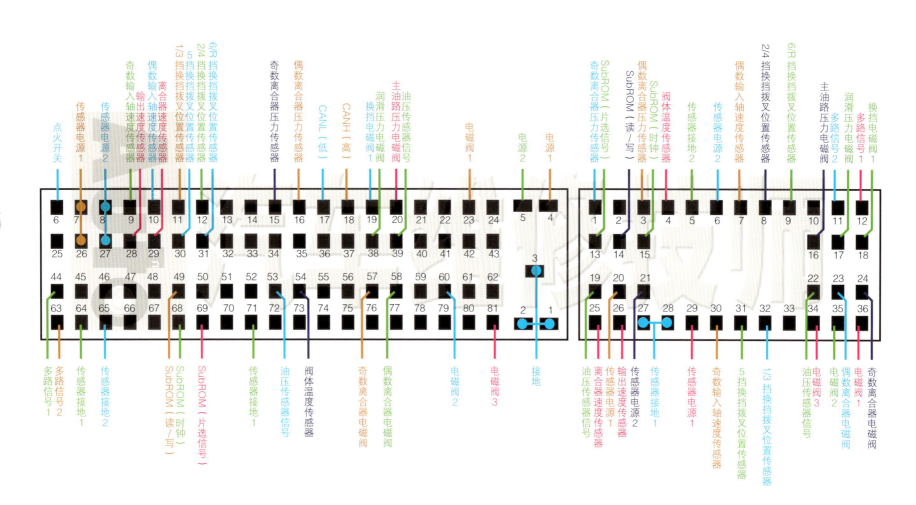

图 224-1

第 225 章　众泰云 100EV 电机控制器（35 针）电脑端子图

众泰云 100EV 电机控制器（35 针）电脑端子图如图 225-1 所示。

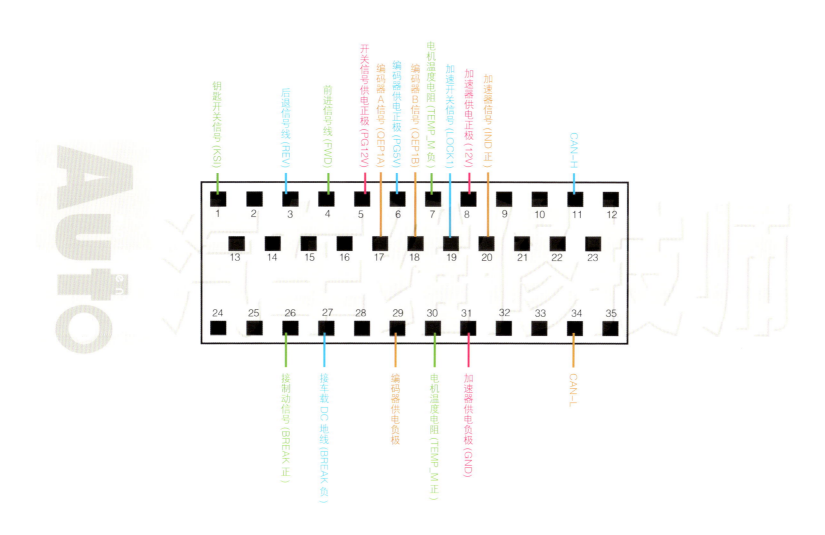

227

图 225-1

第 226 章　众泰芝麻 E30 EV 驱动电机控制器和驱动电机（35 针 +9 针）电脑端子图

众泰芝麻 E30 EV 驱动电机控制器和驱动电机（35 针 +9 针）电脑端子图如图 226-1 所示。

228

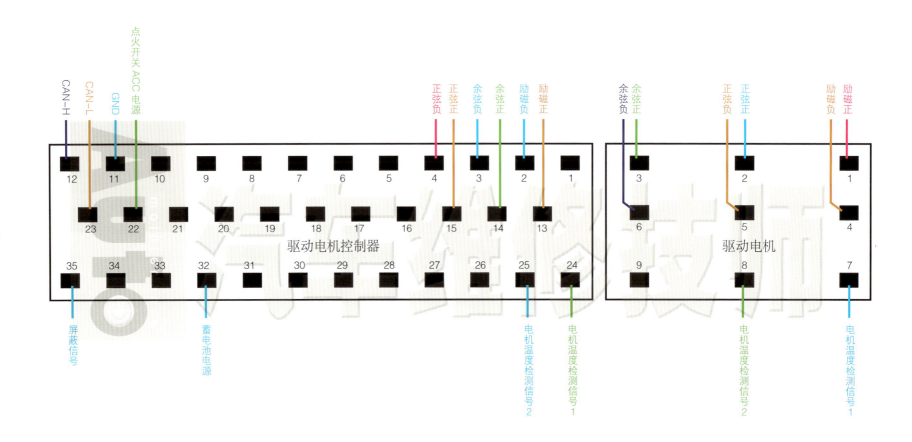

图 226-1

第 227 章　众泰芝麻 E30 EV 整车控制器（VCU）（80 针）电脑端子图

众泰芝麻 E30 EV 整车控制器（VCU）（80 针）电脑端子图如图 227-1 所示。

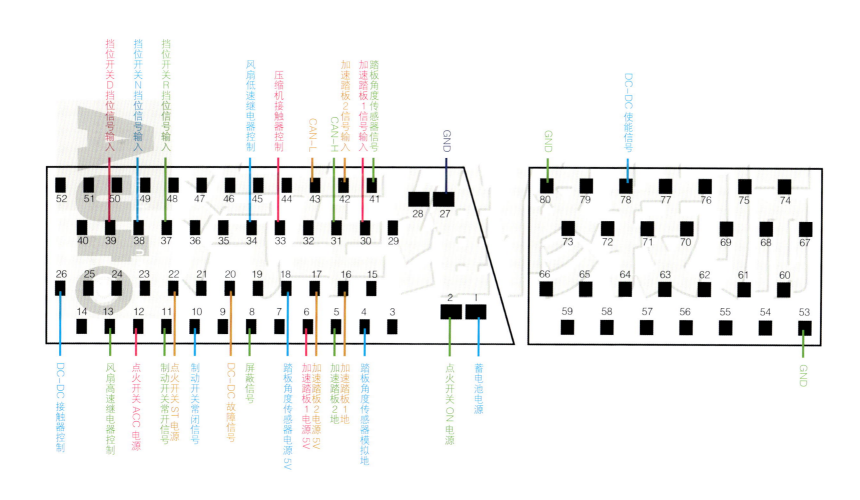

图 227-1

229

第 228 章　众泰 E200 EV 驱动电机控制器（35 针）电脑端子图

众泰 E200 EV 驱动电机控制器（35 针）电脑端子图如图 228-1 所示。

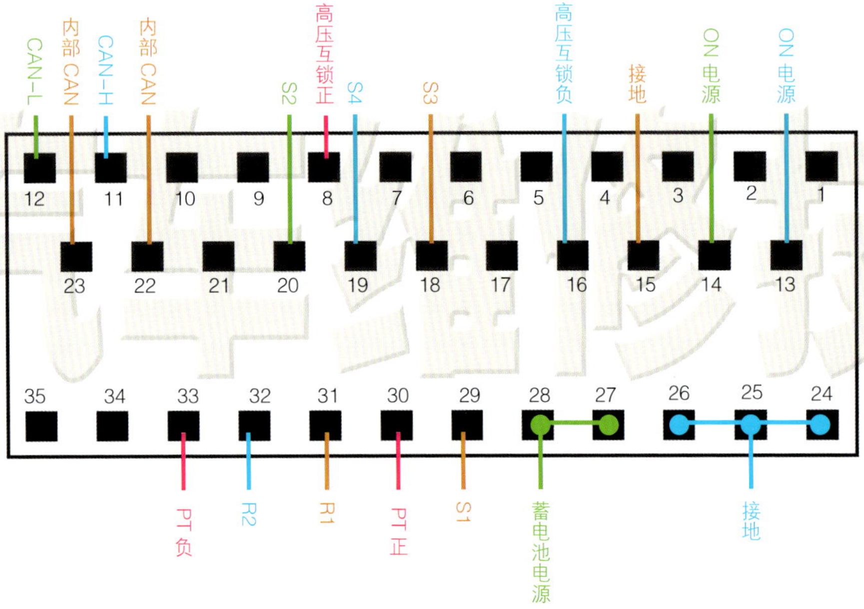

图 228-1

第 229 章 众泰 E200 EV 整车控制器（81 针）电脑端子图

众泰 E200 EV 整车控制器（81 针）电脑端子图如图 229-1 所示。

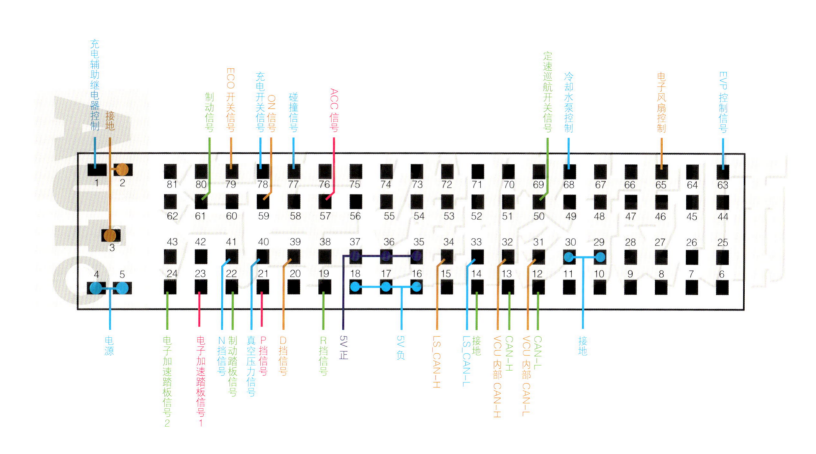

图 229-1

231

第 230 章　众泰 T11 系列 EV 驱动电机控制器（35 针）电脑端子图

众泰 T11 系列 EV 驱动电机控制器（35 针）电脑端子图如图 230-1 所示。

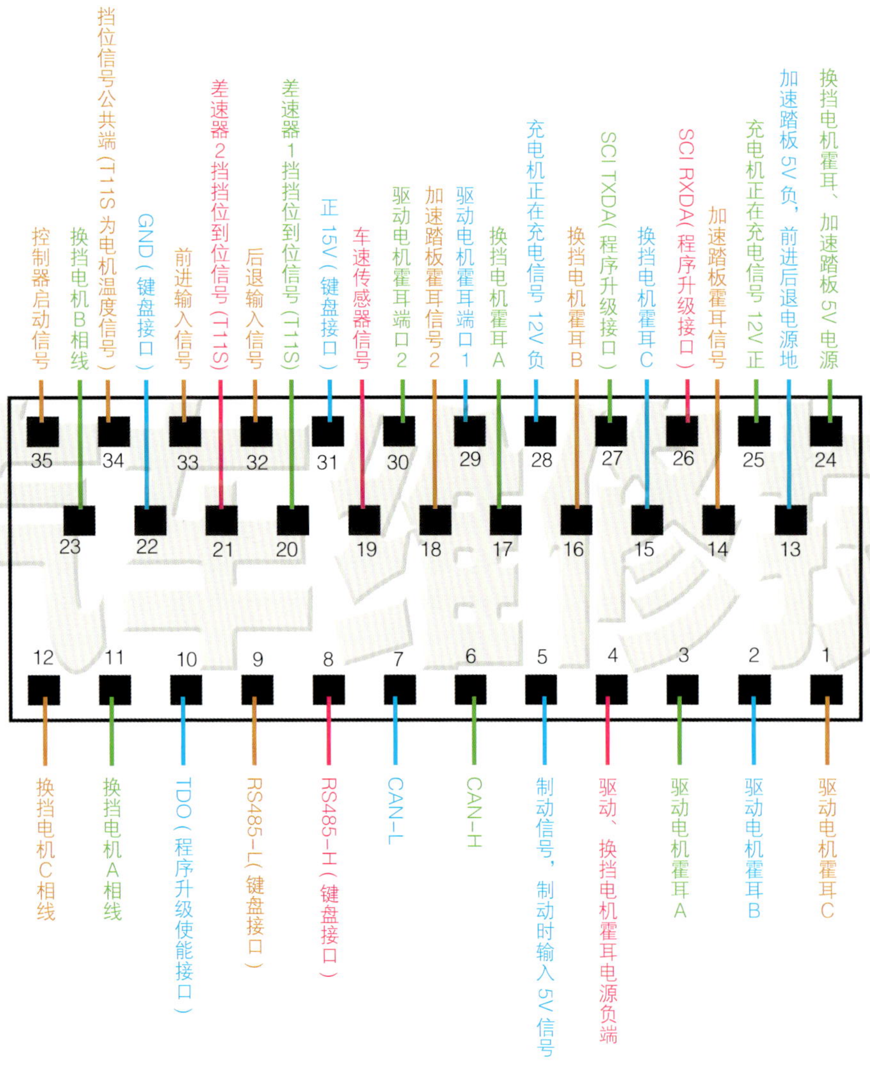

232

上排端子（35~24）：

- 35　控制器启动信号
- 34　换挡电机 B 相线
- 33　GND（键盘接口）
- 32　后退输入信号
- 31　正 15V（键盘接口）
- 30　驱动电机霍耳端子 2
- 29　换挡电机霍耳信号 A
- 28　SCI TXDA（程序接口）
- 27　换挡电机霍耳信号 B
- 26　SCI RXDA（程序升级接口）
- 25　充电机正在充电信号 12V 正
- 24　换挡电机霍耳、加速踏板 5V 电源

中排端子（23~13）：

- 23　换挡电机温度信号（T11S 为电机温度信号）
- 22　前进输入信号
- 21　差速器 2 挡挡位到位信号（T11S）
- 20　差速器 1 挡挡位到位信号（T11S）
- 19　车速传感器信号
- 18　加速踏板霍耳信号 2
- 17　驱动电机霍耳端子 1
- 16　换挡电机霍耳信号 C
- 15　加速踏板霍耳信号 12V 正
- 14　充电机正在充电信号 12V 负
- 13　加速踏板 5V 负，前进后退电源地

下排端子（12~1）：

- 12　换挡电机 C 相线
- 11　换挡电机 A 相线
- 10　TDO（程序升级使能接口）
- 9　RS485-L（键盘接口）
- 8　RS485-H（键盘接口）
- 7　CAN-L
- 6　CAN-H
- 5　制动信号，制动时输入 5V 信号
- 4　驱动、换挡电机霍耳电源负端
- 3　驱动电机霍耳 A
- 2　驱动电机霍耳 B
- 1　驱动电机霍耳 C

挡位信号公共端（T11S 为电机温度信号）

图 230-1

第 231 章　2017 年长安 CS95 6 挡自动变速器（16 针 +22 针）电脑端子图

2017 年长安 CS95 6 挡自动变速器（16 针 +22 针）电脑端子图如图 231-1 所示。

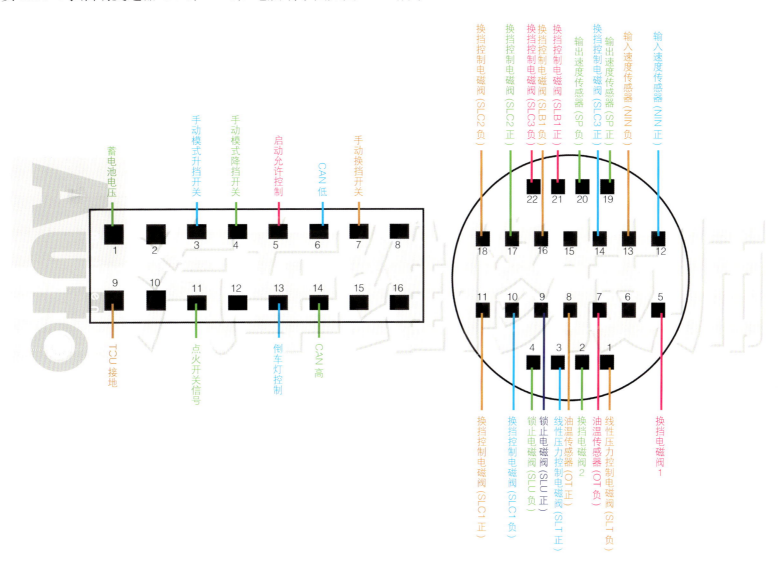

图 231-1

第 232 章　2017 年长安 CX70T AWR6B45 6 挡自动变速器（30 针 +24 针 +26 针）电脑端子图

2017 年长安 CX70T AWR6B45 6 挡自动变速器（30 针 +24 针 +26 针）电脑端子图如图 232-1 所示。

234

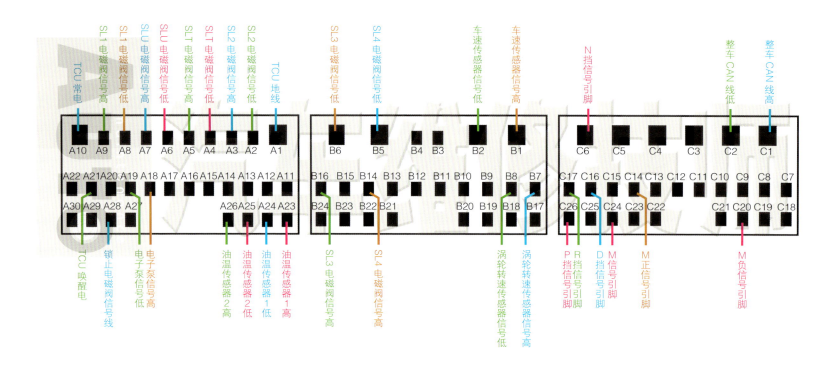

图 232-1

第 233 章　长安奔奔 EV 电机控制器（PDU）（39 针）电脑端子图

长安奔奔 EV 电机控制器（PDU）（39 针）电脑端子图如图 233-1 所示。

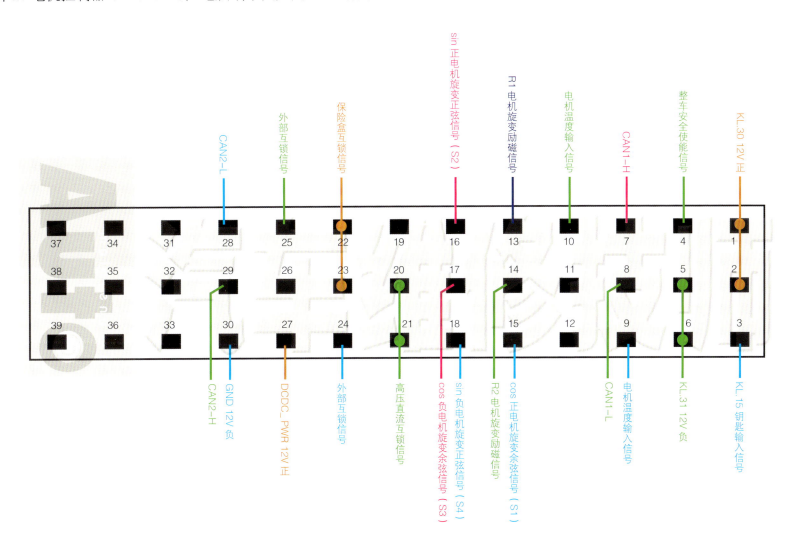

图 233-1

第 234 章　长安奔奔 EV 整车控制器（73 针）电脑端子图

长安奔奔 EV 整车控制器（73 针）电脑端子图如图 234-1 所示。

236

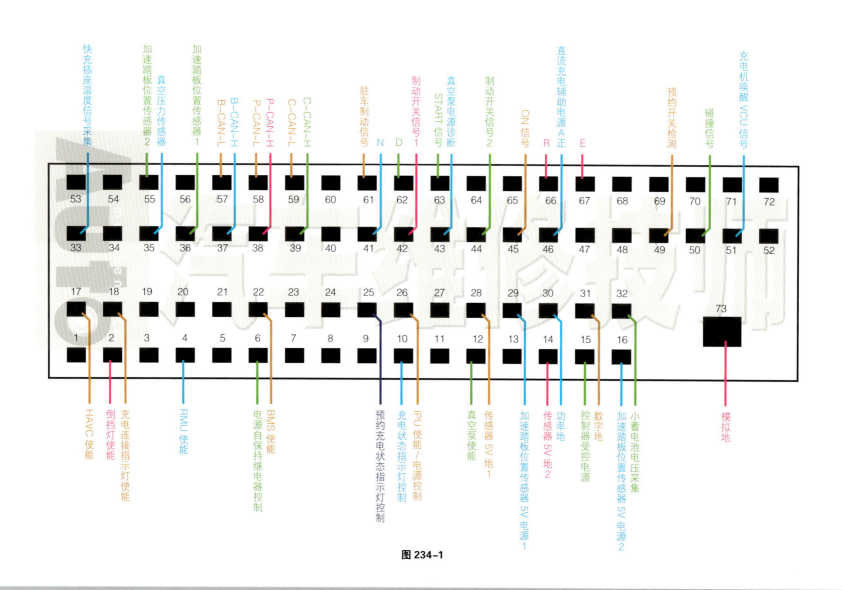

图 234-1

第 235 章　长安逸动 EV 电机控制器（23 针）电脑端子图

长安逸动 EV 电机控制器（23 针）电脑端子图如图 235-1 所示。

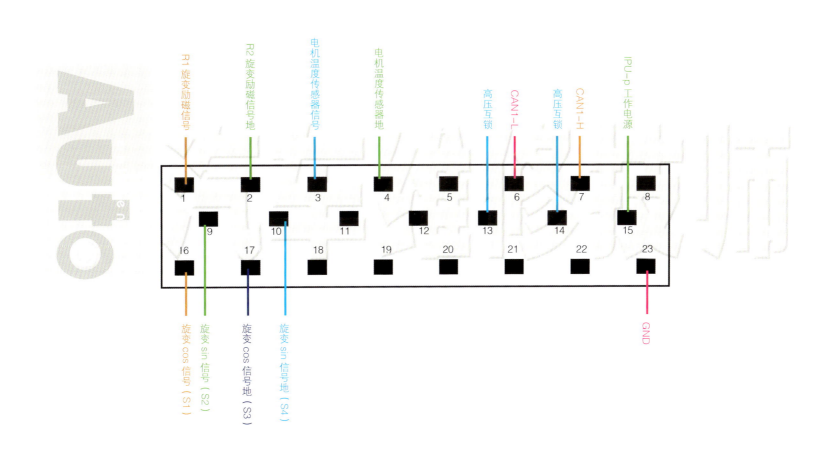

237

图 235-1

第 236 章　长安逸动 EV 整车控制器（80 针）电脑端子图

长安逸动 EV 整车控制器（80 针）电脑端子图如图 236-1 所示。

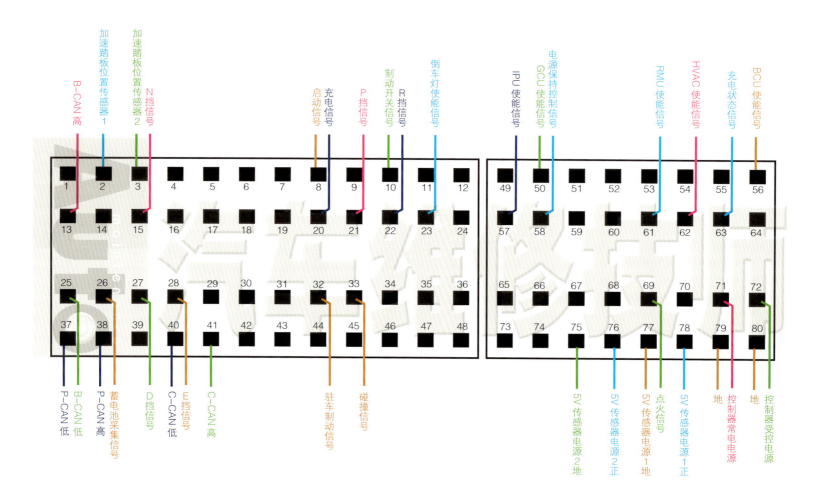

图 236-1

238

第 237 章　长安 CS15 EV 驱动电机控制器（39 针）电脑端子图

长安 CS15 EV 驱动电机控制器（39 针）电脑端子图如图 237-1 所示。

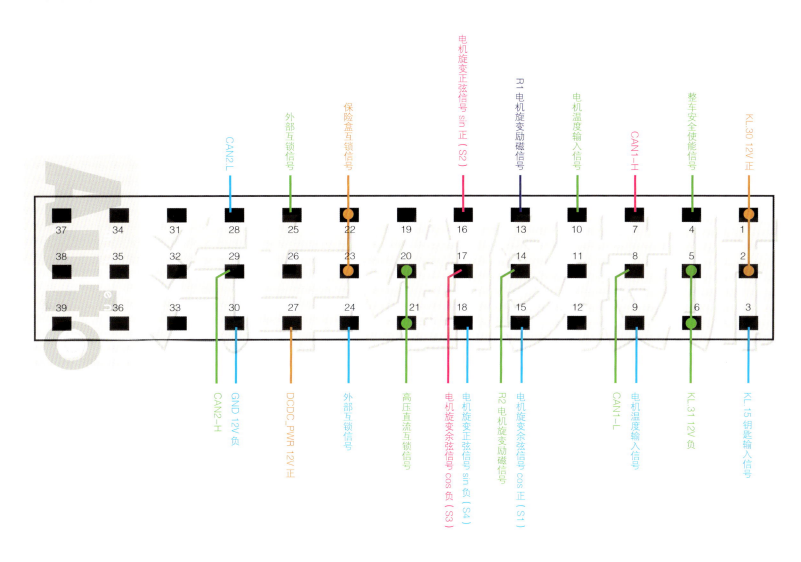

239

图 237-1

第 238 章　江淮 iEV4 驱动电机控制器（23 针 +14 针）电脑端子图

江淮 iEV4 驱动电机控制器（23 针 +14 针）电脑端子图如图 238-1 所示。

240

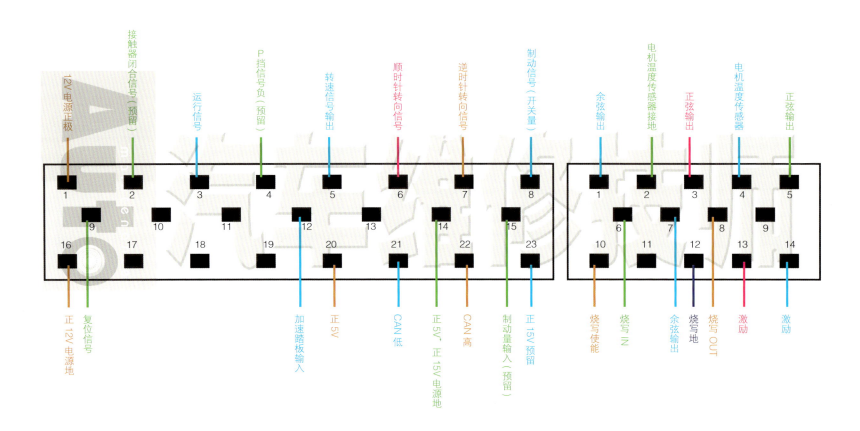

图 238-1

第 239 章 江铃 e200 EV 驱动电机与驱动电机控制器（16 针 +20 针）电脑端子图

江铃 e200 EV 驱动电机与驱动电机控制器（16 针 +20 针）电脑端子图如图 239-1 所示。

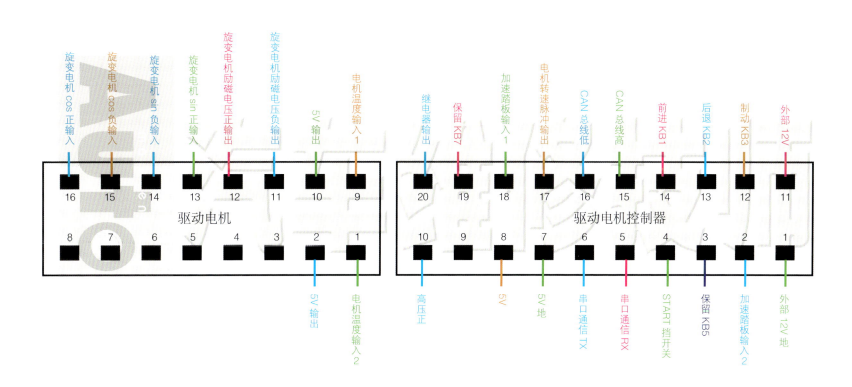

图 239-1

第 240 章 聆风驱动电机逆变器（36 针）电脑端子图

聆风驱动电机逆变器（36 针）电脑端子图如图 240-1 所示。

242

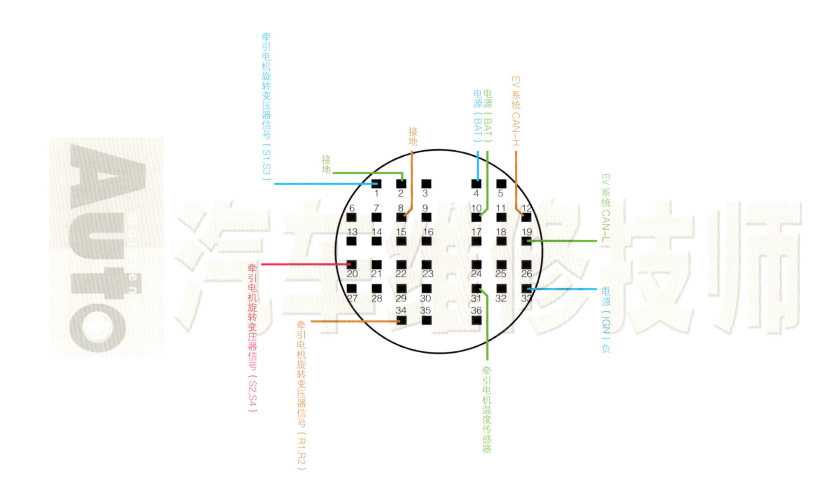

图 240-1